Rosenduft und Blütenzauber

Ina Knobloch

Rosenduft und Blütenzauber

Ein Streifzug
durch die Welt
der Rosen

Scherz

www.fischerverlage.de

Erschienen bei Scherz, ein Verlag der S. Fischer Verlag GmbH,
Frankfurt am Main
© S. Fischer Verlag GmbH, Frankfurt am Main 2008
Gesamtherstellung: CPI – Ebner & Spiegel, Ulm
Printed in Germany

ISBN 978-3-502-15117-3

Inhalt

1

Der Ruf der Rose

Eine Rose ist eine Rose ist eine Rose

GERTRUDE STEIN

*M*ein Rosenweg war scheinbar vorgezeichnet. Schon als Klein-kind stimmte mich nichts friedlicher als ein rosa Kleidchen – aus dem zur Einschulung unbedingt ein Rosenkleidchen werden musste.

Wenn ich heute an meine Kindheit denke, sehe ich vor allem den Garten meiner Großeltern deutlich vor mir: Eine große, von Rosenbeeten gesäumte Rasenfläche, der bevorzugte Spiel- und Sportplatz für meine Schwester und mich. Ich weiß nicht mehr, wie oft Federbälle und sonstige Spielgeräte in die geliebten Rosen meiner Großmutter geflogen sind. Unser respektloses Her-umgetrampel haben uns die Rosen allerdings selbst heimgezahlt: Mit ihren spitzen Dornen (die botanisch gesehen Stacheln sind, s. Kapitel »Von Stacheln und Dornen«. Ich nehme mir die Freiheit, bei dem Ausdruck Dornen zu blei-ben) haben sich die duftenden Blumen gebührend gewehrt und uns ordent-lich Kratzer zugefügt.

Die schmerzlichen Blessuren haben mich allerdings nicht von dem bezau-bernden Duft der Rosen ablenken können. Beim Suchen der Federbälle im Rosenbeet stieg der zarte Duft unausweichlich in meine Nase.

Der Ruf der Rose

War das *Der Ruf der Rose*? In dem gleichnamigen populärwissenschaftlichen Buch hat die Fernsehjournalistin Dagny Kerner mit ihrem Mann Imre die Kommunikationsfähigkeit von Pflanzen näher untersucht. Es ist bekannt und wissenschaftlich belegt, dass Pflanzen Botenstoffe aussenden. Damit kommu-nizieren sie nicht nur untereinander, sondern locken auch allerhand Getier an.

Zu den bekanntesten Substanzen gehört das Pflanzenhormon Ethylen, das Früchten signalisiert: »Reifen – Zeit für die Ernte«. Dieses Hormon wird auch in der Landwirtschaft eingesetzt, um den Reifeprozess von Früchten künstlich einzuleiten. Pflanzen haben im Laufe der Evolution hochspezifische Methoden entwickelt, um sich effizient zu vermehren. Raffinesse haben Blütenpflanzen vor allem beim Anlocken von Bestäubern entwickelt. Neben Insekten gehören zu diesen »Handlangern« der Pflanzen auch Fledermäuse und Vögel. Vögel haben keinen Geruchssinn, sie orientieren sich ausschließlich an der Farbe.

Die weiße Rose, Inbegriff des Widerstands und der platonischen Liebe.
Die Blütenblätter der ROSA ALBA *werden destilliert und liefern*
ein ganz besonderes Rosenöl.

Bei Insekten dagegen ist der Geruchssinn zu erstaunlich großen Leistungen fähig. Die dafür notwendigen Sinneszellen sitzen auf den Antennen, mit denen sie zum so genannten »dreidimensionalen Riechen« fähig sind und über große Entfernungen eine Duftquelle orten können.

Rosen – als stark duftende Blütenpflanzen – locken vor allem Bienen an. Frühmorgens ist ihr Duft am stärksten und die Felder der Duftrosen sind voll von den summenden Insekten. Bienen können sich die Duftquelle merken und einer Farbe zuordnen. Nach drei bis vier »Lernanflügen« finden sie die Rosennektarquelle durch den Duft und die Farbe. Nach einiger Zeit finden sie ihr Ziel allein durch die Farbe.

Der Rosenduft verfügt über 450 bekannte und 120 noch unbekannte Bestandteile, die auf unterschiedlichen Abschnitten der Blüte verteilt sind: Im äußeren zum Beispiel ziehen Rosenalkohole Bienen, Hummeln und Hornissen an. Zu den Rosenalkoholen gehören Citronellol, Geraniol und Nerol. Diese Düfte sind so speziell, dass Bienen »auf sie fliegen«, aber manch anderes Insekt das Weite sucht. Einmal in den Bann der Rosenalkohole geraten, nähern sich die Bienen der Quelle und geraten in einen Phenyl-Ethanol-Rausch. Fast betäubt taumeln sie weiter in die Mitte der Rose, wo ihnen vertraute Gerüche wie Eugenol und Citral entgegenwehen. Das eher würzige, nelkenähnliche Eugenol und das Citral, ein warmer Zitrusduft, sind verwandt mit Düften, wie sie auch in Bienenstöcken vorkommen. Die Bienen wedeln mit ihren Körpern und streifen Pollen anderer Blüten ab, sodass es zur Bestäubung kommt.

Gehalt und Zusammensetzung dieser ätherischen Öle werden durch die Erbanlagen bestimmt, die durch Züchtungsmethoden über Jahrtausende erhalten werden können. Den Bienen mit ihrem ausgeprägten Geruchssinn reicht der zarte Duft der Wildrosen, um den Weg zum Nektar zu finden. Die Menschen jedoch wollten bereits im klassischen Altertum mehr. So »zauberten« Gärtner schon damals durch gezielte Zuchtmethoden noch intensiver duftende Rosen mit gefüllten Blüten. Die ursprünglich fünf Blütenblätter wurden beim Züchten vervielfacht – berauschend für alle Sinne. So wird zum Beispiel die *Rosa centifolia* – die hundertblättrige Rose, auch

Die hundertblättrige Rose, ROSA CENTIFOLIA, *wird hauptsächlich in Frankreich zur Herstellung des Absolue angebaut.*

Mairose genannt – zur Duftextraktion vor allem in Südfrankreich angebaut.

Gezüchtete gefüllte Rosen sind sowohl den Rosengärtnern, die Zierrosen anpflanzen, als auch jenen, die die Rose als Kulturpflanze anbauen, von Nutzen. Gefüllte Rosen wirken ungleich attraktiver als die zarten fünfblättrigen Blüten ihrer »wilden« Verwandten. Gleichzeitig vervielfältigt sich der Duft mit der Anzahl der Blütenblätter, in denen die Duftstoffe enthalten sind. In der Antike stand wahrscheinlich der Duft im Vordergrund bei der Vervielfältigung der Blütenblätter.

Doch wie gelingt es einem Gärtner, aus einer einfachen Blüte eine gefüllte Superblume zu kreieren?

Mit Professionalität, ein bisschen Glück – und unendlich viel Geduld. Die vielen Blütenblätter sind wie bei allen gefüllten Blumen umgebildete Staubblätter.

Alles ist Blatt

Schon Goethe erkannte »alles ist Blatt«, was botanisch gesehen zwar nicht ganz korrekt ist, aber viel Wahrheit birgt.

Die Gärtner haben sich bei der Rose die Eigenschaft zunutze gemacht, dass Wildrosen gerne – und häufiger als andere Pflanzen – spontan »mutieren«. Mutieren bedeutet immer eine Veränderung im Erbgut, eine Spontanmutation ist die sichtbare Variante der Veränderung des Erbguts – und zwar völlig selbsttätig und zufällig. Diese Spontanmutation hat für den Züchter den Vorteil, schneller neue Sorten entwickeln zu können. Solche Veränderungen auch langfristig zu erhalten ist allerdings nicht mehr ganz so einfach. Will er beispielsweise aus einer Wildrose gefüllte Rosen züchten, muss er zunächst zufällig entstandene vielblättrige Blüten suchen und diese gezielt miteinander kreuzen. Fördern kann er noch die Entstehung von Spontanmutationen durch Stress, dem er die Pflanze aussetzt. Hitze, Kälte, Trockenheit, Pflanzenhormone, Gifte – das alles sind Stresssituationen auch für solche Pflanzen, bei denen häufiger Spontanmutationen auftreten. Bereits die Gärtner des Altertums beherrschten die hohe Kunst des Veredelns, wussten eine gezielte Züchtung zu beschleunigen und eine gewünschte zu erhalten. Schließlich waren sie die Schöpfer der Duftrose. Seither dient der Duft der Rose nicht nur dem Zweck, Bienchen anzulocken. Sie wurde gezüchtet, um Menschen zu betören, zu beglücken, zu heilen und zu entspannen. Jeder kann selbst »erriechen«, dass Wildrosen mitnichten so betörend und unvergleichlich intensiv duften wie beispielsweise Damascenerrosen, Mairosen oder Essigrosen.

Heimat der Rosen

Schon vor etwa 3000 Jahren wurden Rosen in China aus der Wildrose *Rosa chinensis* gezüchtet, aber auch im Orient, in Persien, Ägypten, Griechenland und Rom lässt sich die Rose als Kulturpflanze Jahrtausende zurückverfolgen. In unseren Breiten wurde die Rose zu jener Zeit noch nicht gezüchtet, aber die hier heimischen Arten, vor allem die Heckenrose, die Hundsrose – *Rosa canina* – wurde bei den Kelten und Germanen als Schutzhecke um Siedlungen und Heiligtümer gepflanzt. Insgesamt gibt es heute etwa 30 000 Zuchtrosen, die auf verschiedene Wildrosenarten zurückgehen.

Die fünfblättrige Hundsrose ist eine Urform der Rose. Unsere gefüllten Zuchtrosen gehen jedoch auf andere Wildrosen zurück.

Botanisch gesehen gehört die Rose zur Pflanzenfamilie der Rosaceen, die insgesamt 2000 Arten umfasst. Dazu zählen auch Apfelbäume, Kirschbäume, Birnbäume und viele andere Kulturpflanzen. Die ursprüngliche Blütenform aller Rosaceen ist die Fünfblättrigkeit. Alle Wildrosen haben fünf Blütenblätter, genau wie die Blüten von Äpfeln, Birnen und Kirschen.

Bei der Zucht der gefüllten Blüten war in der Antike die Schönheit der Rosen zweitrangig. Im Mittleren und Nahen Osten wurde *Rosa damascena* vor mehr als 3000 Jahren kultiviert. Noch heute wird diese Rose großflächig angebaut, um aus ihren Blüten Rosenöl zu destillieren – je mehr Blütenblätter, desto mehr Rosenöl.

Eine große Rolle spielte auch die Heilkraft der Rose. Vom Liebestrank und Aphrodisiakum bis zum Mittel gegen Erbrechen: Die Rose war für fast alles gut. Blutkrankheiten, Leberschäden, Herzbeschwerden und vieles mehr wurden im Altertum durch sie geheilt. Als »Königin der Blumen« wurden ihr vor allem auch Heilkräfte gegen so genannte »Frauenleiden« wie Kopfschmerzen, Melancholie, Depression und Ohnmachtsanfälle zugeschrieben. Diese »Rosentherapien« spielen in der Phytotherapie, der Behandlung mit Pflanzenwirkstoffen, noch heute eine Rolle und gewinnen durch das steigende Interesse an der Naturmedizin an Bedeutung. Wenig wissenschaftlich begründet und heute ganz sicher nicht mehr von Belang ist dagegen folgende Methode: Aus Dankbarkeit für den Beistand bei schweren Geburten vergruben nach gutem Verlauf Hebammen einst die Nachgeburt unter einem Rosenbusch der Hundsrose, die der Göttin Frigga – der Schutzpatronin von Ehe und Mutterschaft – geweiht war. Am Niederrhein wird die Hundsrose noch heute *Friggas Dorn* genannt. Hippokrates, der griechische Gelehrte und berühmte Arzt empfahl die Rose unter anderem bei Gebärmutterleiden. Sie galt schlechthin als Allheilmittel und Schönheitselixier. Die Essigrose, die *Rosa gallica*, wurde als Wundermittel entdeckt, gezielt gezüchtet und veredelt. Dadurch intensivierte sich sowohl der Duft als auch ihre Heilkraft, und die Blüte wurde auch schöner.

Die Veredlung ist eine uralte gärtnerische Technik. Wann und wo dieser Züchtertrick erfunden wurde, ist genauso unbekannt wie die Urrose. Vermutlich wurde diese Methode vor 4000 Jahren in Persien erfunden. Es ist anzunehmen, dass die Menschen schon damals diese Technik beherrschten und es sich zur Aufgabe machten, mühsam gezüchtete Blütenformen über Generationen hinweg zu erhalten. Sie müssen aber auch gewusst haben, dass

Im Mittelalter war die Rose vor allem als Heilpflanze begehrt.
Karl der Große verordnete den Anbau auf allen Landgütern
seines Einflussbereichs.

*Rosenwasser, Rosenöl und zahlreiche andere Rosenauszüge wurden
in der mittelalterlichen Volksmedizin gegen zahlreiche Leiden eingesetzt.
Von Kopfschmerzen über Entzündungen und Frauenleiden bis hin
zu schmerzenden Füßen: Rezepturen mit den Inhaltsstoffen der Rose
sind gegen fast alles gut.*

diese kreierten Pflanzen auf »fremden Füßen« stehen müssen, weil ihre eigenen Wurzeln zu schwach sind. Durch das Pfropfen eines Edeltriebs auf einen
Wildtrieb wird die Kraft einer Wildpflanze mit der Schönheit einer Zucht-
form verbunden. Als Pfropfunterlage dienen widerstandsfähige Wildpflanzen möglichst der gleichen Art. Die beiden Pflanzen werden so verbunden,
dass sie zusammenwachsen, also eins werden. Ohne diesen Gärtnertrick
würde eine Edelrose keinen Winter überleben oder vielleicht schon vorher an
Krankheiten eingehen. Die Veredlungsstelle ist später kaum mehr zu sehen.

Bei den Rosen liegt diese empfindliche Stelle knapp über oder gerade unter der Erde und sollte im Winter zusätzlich durch Reisig oder Ähnliches geschützt werden.

Die Wildpflanzen, die als Pfropfunterlage dienen, können leicht über Stecklinge vermehrt werden. Ihre Triebe müssen bei bereits veredelten Pflanzen entfernt werden, damit sie dem edlen Spross nicht die Kraft nehmen. Der Vorgang des Veredelns ist theoretisch einfach, erfordert aber sehr viel Geschick. Er wird bei zahlreichen Gehölzarten – vom Walnuss- bis Zitronenbaum – angewendet und hat zu verschiedenen Spezialisierungen je nach Art und gewünschtem Effekt geführt.

Das Auge der Rose

Bei der Rose nennt sich die Technik »Okulieren«. Dafür werden die bereits in der Erde angewachsenen Wildrosen abgeschnitten und mit einem winzigen Stückchen der Edelrose, einer Blattknospe – dem so genannten Auge – verbunden. Daher auch die Bezeichnung »Okulieren«, die sich von dem lateinischen Wort »Oculus« ableitet, was übersetzt »das Auge« heißt. Für diesen

T-Schnitt und Okulieren einer Rose und anschließendes Abbinden der Veredlungsstelle

18

Vorgang wird ein kleiner T-Schnitt in den Stängel der Wildrose geritzt. Zum Schneiden möglichst ein steriles scharfes Messer verwenden, damit sich die Schnittstellen nicht infizieren und faulen. In die T-Öffnung muss das Auge des Edeltriebs so geschoben werden, dass sich die Schnittstellen der beiden Pflanzenteile berühren. Durch ein Band oder eine spezielle Klammer werden die Abschnitte festgehalten und können zusammenwachsen. Bester Zeitpunkt für das Okulieren sind die Sommermonate. Nach etwa drei Wochen zeigt sich, ob der Eingriff erfolgreich war, und im darauf folgenden Frühjahr sollte die Edelrose ordentlich austreiben.

So können aus einer viele Hunderte neuer Edelrosen mit dem identischen Erbmaterial, also mit denselben Eigenschaften erwachsen – und sie können von der Kraft der Wildpflanze schöpfen. Das Veredeln ist eine raffinierte Methode, die vor allem bei Rosen und Obstbäumen praktiziert wird. Aber selbst mächtige Baumveteranen stehen auf »unedlen Füßen«: Esskastanien, Jahrhunderte alte, sogar über 1000 Jahre alte Bäume auf Korsika, die schon von den Römern – und auch bei Asterix – als »Brot der Korsen« beschrieben wurden, sind alle veredelt.

Früher beherrschte jeder Hobbygärtner die Technik des Okulierens oder Veredelns. Heute wissen viele nicht mehr, was das ist. Nicht heimische Pflanzen wurden und werden kultiviert und nehmen den Platz der mitteleuropäischen Traditionspflanzen ein. Im deutschen Bauerngarten beispielsweise dürfen Kartoffeln, Kürbisse, Tomaten, Paprika und Sonnenblumen nicht fehlen – alles Errungenschaften aus der Neuen Welt.

Rosenliebhaber Goethe

Zu Zeiten unseres großen Dichterfürsten Johann Wolfgang von Goethe waren diese Pflanzen noch als importierte Exoten aus der Wildnis bekannt und die Kunst des Veredelns gängiges Know-how. So ist es nicht verwunderlich, dass der bekennende Rosenliebhaber schon als Kind mit der Technik des Okulierens vertraut war. Im Rosengarten seines Großvaters, des Frankfurter Stadtschultheißen Johann Wolfgang Textor, erlernte der junge Goethe von ihm jene Kunst. Diese »Rosenarbeit« ließ Goethe nach eigenen Angaben später zum Rosenliebhaber werden. Ob der junge Johann Wolfgang im großväterlichen Garten wohl auch Rosenblätter gezupft und versucht hat, daraus Rosenwasser herzustellen? Das konnte ich leider nicht herausfinden, es würde mich aber nicht wundern. Goethes botanische Experimentierfreudigkeit in späteren Jahren füllt Bände − er selbst verstand sich auch als Wissenschaftler und Botaniker.

2

Rosenduft und Blütenrausch

Der Duft der Rose, der schon die Damen der alten Griechen und Römer aus einer Ohnmacht holte und von einem Schwäche-anfall befreite, hatte es mir angetan. Beim Ballsuchen im Rosenbeet meiner Großmutter stieg er mir jedes Mal in die Nase wie ein Flaschengeist. Das flüchtige, betörende Bukett, das beim Verlassen des Rosenbeets schon fast verschwunden war, zog mich magisch an. Bald suchte ich es gezielt, steckte meine Nase in jede Rose und sog ihren Duft in mir auf. Ich band mir Rosen-ketten um, steckte mir Rosen ins Haar und genoss den Wohlgeruch im Gar-ten. So hatte ich zwar länger den Genuss, aber nach ein paar Tagen war der Duft verflogen und nach der Rosenblüte war es ganz vorbei.

Der Flaschengeist

Es gab nur eine Lösung: Der Geist musste in die Flasche. Im darauf folgenden Sommer entwickelte ich den Ehrgeiz, diesen bezaubernden, unwidersteh-lichen Rosenduft festzuhalten, zu konservieren und in Flaschen zu bändigen. Mit Zustimmung meiner Großmutter sammelte ich heruntergefallene Blü-tenblätter und nahm sie mit in mein Zimmer – der Duft blieb allerdings im Garten. So schnell ließ ich mich jedoch nicht entmutigen und setzte meine Experimente fort. In kleinen Schälchen versuchte ich Essenzen anzusetzen, mit ganzen Blütenblättern, zerkleinerten Blütenblättern und schließlich mit zermörserten Blütenblättern. Ich ließ die Lösungen stehen, filterte sie durch Kaffeefilter und füllte sie schließlich in Glasflaschen. Das Ergebnis war erneut mehr als ernüchternd. Zwar erhielt ich wunderschöne Wässerchen in ver-schiedensten Rosatönungen – den bunten Flaschen aber entströmte nur ein laues Düftchen.

Das edle Rosenöl wird durch Wasserdampfdestillation gewonnen,
eine Technik, die sich seit dem Mittelalter kaum verändert hat.

Ich wollte nicht aufgeben und sah die Lösung in der blühenden Pflanze. Für mich schienen meine Fehlschläge nur darin begründet zu sein, dass die heruntergefallenen »toten« Blütenblätter nicht mehr genug Duft hatten. Damit lag ich zwar nicht ganz falsch, aber meine Methode war leider auch nicht die richtige. Ich beschloss, meine Versuchsreihe mit »Lebendmaterial« fortzusetzen – diesmal ohne Zustimmung meiner Großmutter. Ich sehe noch heute ihr entsetztes Gesicht, als sie ihren wunderschönen, eigentlich in voller Blüte stehenden Rosengarten komplett enthauptet erblickte. Über das, was folgte, lege ich lieber den Mantel des Schweigens. Meine Versuchsreihe war damit beendet, aber die Fragen blieben. Den kaum gesteigerten Erfolg dieser »verbotenen« Versuche konnte ich mir lange nicht erklären.

Erst viele Jahre später erkannte ich die Fehler:

- ❀ Die Blüten produzieren die meisten Duftmoleküle in den frühen Morgenstunden, wenn es noch kühl ist und feuchter Tau die Rosen einhüllt. Überall dort, wo Duftrosen angebaut werden, ist die Ernte kurz nach Sonnenaufgang. Im Laufe des Tages verflüchtigt sich der Duft.
- ❀ Am stärksten duften die Rosen zur ersten Blüte im Mai/Juni.
- ❀ Der Hauptfehler war, dass ich versuchte, den Duft mit Wasser herauszulösen. Die meisten und intensivsten Geruchsstoffe der Rose sind aber fett- und nicht wasserlöslich.

Rosenblüten sind nicht sehr ergiebig. Für einen einzigen Liter Rosenöl werden 5000 Kilo Rosenblütenblätter benötigt.

25

Die Kunst des Duftgewinnens existiert schon seit langer Zeit. Ein über 5000 Jahre altes Gefäß, ein Duftflakon aus dem Orient, ist das älteste Zeugnis der Parfümherstellung, zu bewundern ist es im Museum in Philadelphia. Die hohe Duftkultur mit ihren Salben, Ölen und Duftwässern ist hinlänglich bekannt, vor allem aus dem alten Ägypten. Kleopatra salbte sich bevorzugt mit Rosenöl und ließ für ihren Liebhaber Marc Aurel einen dicken Rosenteppich ausstreuen.

Die Erkenntnis, dass durch Hitze und Feuer bestimmte Duftstoffe freigesetzt werden, erklärt den lateinischen Wortstamm von »Parfüm«: per fumum heißt »durch Rauch«. Im antiken Griechenland hieß Duft »Himmelsluft« oder »Äther«. Die noch heute gängigen Extraktionsverfahren bei uns stammen aus dem frühen Mittelalter.

Die Destillation, die Extraktion mit Wasserdampf, entlockt der Rose die wertvollsten und am höchsten gehandelten Duftstoffe – das reine ätherische Rosenöl (s. Kapitel »Der Apotheker und die Destille«).

Bei dieser aufwändigen und keinesfalls für den Hausgebrauch geeigneten Methode werden sowohl fettlösliche als auch wasserlösliche Bestandteile aufgefangen. Am Ende des Prozesses schwimmt das ätherische Öl in Form von kleinen Fettaugen auf dem Rosenwasser. Das reine Rosenöl ist zwar mit Abstand das wertvollere Produkt, aber auch das echte Rosenwasser ist eine edle Essenz.

Wer den Duft der Rose dennoch selbst extrahieren möchte, benötigt lediglich ein paar Küchengeräte. Das Ergebnis ist zwar nicht ganz so effektiv, kann sich aber – hübsch verpackt – sehen lassen.

Rosenwasser

Sehr sanft, enthält nur die wasserlöslichen Duftstoffe

Für einen Liter Rosenwasser etwa 25 Blütenköpfe einer Duftrose (*Rosa damascena, Rosa centifolia* oder ähnliche Sorten) am frühen Morgen ernten, anschließend mit kochendem, möglichst kalkfreiem Wasser übergießen und im Mixer oder mit einem Pürierstab pürieren. Diese Flüssigkeit in saubere, ausgekochte dunkle Flaschen gießen und gut verschließen. Nicht bis zum oberen Rand füllen. Zwei Wochen lang an einem mäßig warmen Ort aufbewahren und täglich sanft schütteln. Anschließend durch ein Gazetuch abfiltrieren, das fertige Rosenwasser in saubere, möglichst ausgekochte dunkle Glasflaschen abfüllen und im Kühlschrank aufbewahren. Ideal für die sanfte Gesichtsreinigung.

Im Zerstäuber kann man es als kleine Erfrischung für Haut und Haare einsetzen. Außerdem lassen sich damit Süßspeisen, Gebäck, aber auch helle Saucen zu weißem Fleisch und Geflügel verfeinern.

Alkoholisches Rosenwasser

Enthält sowohl wasserlösliche als auch fettlösliche Duftstoffe, ist aber durch den Alkoholgehalt nicht so sanft wie das alkoholfreie Rosenwasser.

Für einen Liter alkoholisches Rosenwasser 250 ml 80-prozentigen Alkohol aus der Apotheke mit 20 frisch am frühen Morgen geernteten Duftrosen vorsichtig erhitzen, aber nicht kochen lassen, dabei gut umrühren. Etwas abkühlen lassen. Die lauwarme Mischung im Mixer pürieren. In einen gut verschließbaren, möglichst dunklen Glasbehälter füllen. Zwei Wochen bei Zimmertemperatur stehen lassen, täglich mit einem sauberen Löffel umrühren. Dann mit Hilfe eines Siebs durch ein Gazetuch gießen. 750 ml gefiltertes, abgekochtes Wasser nachgießen. Die Mischung zwischendurch gut ausdrücken (möglichst mit Einweg-Gummihandschuhen). Dieses etwas intensivere Rosenwasser wirkt stärker reinigend, ist aber für sehr empfindliche Haut (wie alle anderen alkoholhaltigen Gesichtswasser) nicht geeignet.

Bitte beachten: In der Apotheke bekommt man vergällten und unvergällten Alkohol. Der vergällte Alkohol ist billiger, weil die Genusssteuer entfällt – aber er ist nicht genießbar. Wer vergällten Alkohol für dieses Rezept verwendet, darf das Rosenwasser nur für kosmetische Zwecke verwenden. Wenn Sie es auch zum Kochen, für Süßspeisen oder zum Backen benutzen möchten, müssen Sie unvergällten Alkohol kaufen.

Rosenöl

Um möglichen Enttäuschungen vorzubeugen: Erwarten Sie bitte nicht, dass Ihr selbst gemachtes Rosenöl den Vergleich mit dem unglaublich teuren ätherischen Öl aufnehmen kann. Das kann man nur durch die Wasserdampfdestillation gewinnen (s. Kapitel »Der Apotheker und die Destille«). Sie werden sehen – die Arbeit lohnt sich dennoch.

Für einen halben Liter Rosenöl benötigen Sie einen halben Liter Mandelöl aus der Apotheke. (Es funktioniert auch mit anderen Ölen.) Mandelöl ist sehr dezent im Geruch und gut für die Haut, daher sehr gut geeignet. Außerdem gehört die Mandel ebenfalls zur Familie der Rosaceen, wodurch beide Pflanzenextrakte sehr fein miteinander harmonieren.

Das Öl in einen sauberen, gut verschließbaren, möglichst bauchigen Glasbehälter geben. Die gleiche Volumenmenge von früh morgens gezupften Blütenblättern einer Duftrose zugeben und gut umrühren. Das oder die Gefäße gut verschließen und an einen sonnigen Platz am besten auf der Fensterbank stellen. Mindestens sechs Wochen lang täglich sehr vorsichtig schütteln oder umrühren. Nach diesen sechs bis acht Wochen ist das Rosenöl fertig. Wie beim Rosenwasser die Blütenblätter abfiltrieren – oder mit den Blütenblättern abfüllen. Durch das Öl sind die Rosenblüten konserviert. Das fertige Öl kann als Massageöl verwendet werden, zum Einreiben nach dem Baden, als Badezusatz oder auch beim Kochen, beispielsweise als Zusatz für ein zartes Salatdressing oder beim Backen.

Rosencreme

Erhitzen Sie 100 g Bienenwachs und lassen Sie es flüssig werden, anschließend auf etwa 60 Grad abkühlen lassen. In die warme Masse geben Sie tropfenweise das zimmerwarme Rosenwasser und rühren es mit einem Mixer unter. Anschließend geben Sie noch zwei Tropfen Rosenöl dazu, rühren um und verteilen die fertige Creme in gut gereinigte Tiegel.

Die klassische Coldcreme als Rosencreme

1 Teil Bienenwachs

1 Teil Walratersatz (ganz wichtig, auf keinen Fall nach echtem Walrat fragen, der wird aus Walen gewonnen und ist absolut nicht d'accord mit Natur- und Tierschutz).

$1/10$ Teil Cetylalkohol (ebenfalls eine feste Substanz, die in der Apotheke erhältlich ist)

9 Teile Mandelöl

Mischen Sie das Ganze und erhitzen Sie es auf 80 Grad, danach etwas abkühlen lassen. Gleichzeitig erhitzen Sie das Rosenwasser, wobei Sie etwa halb so viel Rosenwasser wie Fett nehmen. Das heißt bei 50 g Fettmasse 25 bis 30 g (entspricht 25 bis 30 ml) Rosenwasser nehmen. Gießen Sie das erhitzte Rosenwasser unter ständigem Rühren in das warme Fett und rühren Sie bis zum Erkalten weiter. Wenn die Creme gut handwarm ist, rühren Sie noch ein paar Tropfen Rosenöl unter und rühren Sie solange weiter, bis die Creme ganz erkaltet ist.

3

»Ein Männlein steht im Walde«

Ein Männlein steht im Walde ganz still und stumm,
Es hat von lauter Purpur ein Mäntlein um.
Sagt, wer mag das Männlein sein,
Das da steht im Wald allein
Mit dem purpurroten Mäntelein.
Das Männlein steht im Walde auf einem Bein
Und hat auf seinem Haupte schwarz Käpplein klein,
Sagt, wer mag das Männlein sein,
Das da steht im Wald allein
Mit dem kleinen schwarzen Käppelein?

gesprochen:
Das Männlein dort auf einem Bein
Mit seinem roten Mäntelein
Und seinem schwarzen Käppelein
Kann nur die Hagebutte sein,

HOFFMANN VON FALLERSLEBEN

Wie fast alle Kinder kannte ich nur die erste Strophe dieser berühmten Volksweise aus dem 19. Jahrhundert auswendig. Bei Waldspaziergängen trällerte ich sie gelegentlich vor mich hin, ohne mir Gedanken darüber zu machen, wer dieses Männlein sein könnte. Mit der Rose brachte ich dieses Lied zunächst überhaupt nicht in Verbindung. Nach meinen gescheiterten und zwangsweise abgebrochenen kindlichen Rosen-wasser-Experimenten bat ich meine Großmutter eines Tages, die Blüten wenigstens einmal am Strauch zu lassen und nicht nach dem Verwelken abzuschneiden.

Viele Rosen blühen mehrfach im Jahr

Für Rosenliebhaber ist das Abschneiden der verwelkten Blüten ein »must«. Dadurch bringt man Rosen zum Austreiben und viele Sorten bekommen an diesen neuen Trieben schnell Blüten. Etwa zehn Wochen nach dem Schnitt blühen sie erneut – bis zum Frost. Bei einem frostfreien Herbst können Sie sich noch im November an blühenden Rosen erfreuen. Vor allem Rosen in Süd- oder Südwestlage oder Kletterrosen blühen oft noch spät im Jahr, wenn sie durch die Hauswand besonders geschützt sind. Ist der Winter ebenfalls mild, kann es sogar noch an Weihnachten blühende Rosen geben. Und der letzte Schnitt gibt ihnen Kraft für das nächste Jahr, Kraft, die sie nicht in die Bildung von Früchten investieren müssen. Doch genau diese wollte ich sehen. Meine Großmutter konnte ich dazu überreden, einen der Rosenstöcke nicht zu beschneiden. Neugierig beobachtete ich die Veränderung: Unter der ver-welkten Blüte verdickte sich der grüne Fruchtknoten, schwoll immer mehr

Nur wenigen ist bekannt, dass Hagebutten sehr vitaminreiche Rosenfrüchte sind.

an – und nach einigen Wochen verwandelte er sich in »Ein Männlein« im Garten und hatte ganz still und stumm einen purpurnen Mantel um …

Ich war begeistert ob meiner wissenschaftlichen Erkenntnis, dass die Frucht der Rose die Hagebutte ist. Die nächste führte zu einem eher nicht wissenschaftlichen Experiment. Ich stellte fest, dass das Innenleben der Hagebutten ein hervorragendes Juckpulver ergibt. Dieses Rosenexperiment ist mir damals eindeutig gelungen. Mit einem Küchenmesser habe ich die Hagebutten aufgeschnitten, die weißen Samen herausgeholt und in leere Filmdöschen gegeben. Gemeinsam mit einer Freundin steckte ich unliebsamen Mitschülern die Kerne in die Pulloverkragen. Dummerweise beging ich einen Fehler: Ich hatte keine Handschuhe an und habe wahrscheinlich genauso gelitten wie meine »Opfer«. Dass Hagenbuttenkerne von so einer fiesen ju-ckenden Schale umgeben und nicht anständig im Fruchtfleisch eingebettet sind wie andere Kerne/Samen auch, liegt botanisch gesehen daran, dass Ha-gebutten gar keine richtigen Früchte sind. Botaniker bezeichnen sie als Scheinfrüchte, die die eigentlichen Früchte, nämlich die von der haarigen Hülle umgebenen Samen umschließen. Der Blütenboden hat sich zur schar-lachroten Scheinfrucht umgebildet und die eigentlichen Früchte zur haari-gen, juckenden Masse zurückgebildet. Auch diese evolutionäre Veränderung dient einzig und allein dem Zweck der Vermehrung. Mit dem leuchtenden Scharlachrot lockt die Hagebutte zahlreiche Tiere an, die die Samen dann verbreiten.

Darüber hinaus sind sie für viele Tiere eine wichtige Nahrungsquelle. Ha-gebutten der einheimischen Wildrosen ernähren 19 Säugetier- und 27 Vogel-arten im Herbst und Winter. Wer in seinem Rosengarten auch Tiere anlo-cken möchte, sollte wenigstens eine Wildrose Früchte tragen lassen. Hagebutten tragen zwar alle Rosen, aber der Nährwert, der Gehalt an Vita-minen und Carotinoiden und anderen wertvollen Inhaltsstoffen schwankt erheblich von Rose zu Rose und ist bei den Zierrosen deutlich niedriger als bei Wildrosen. Vitamin- oder Fruchtrosen nennt man diejenigen, die in der Küche oder Heilkunde verwendet werden. Die Formenvielfalt erstreckt sich von rund über oval bis hin zu birnen- oder flaschenförmig. Manche sind borstig, andere glatt, viele glänzend. Ihr Farbspektrum reicht von leuchtend rot bis gelb – es gibt sogar schwarze Hagebutten.

Hagebutten sind gesund

Unumstritten ist die gesundheitsfördernde Wirkung von Hagebutten. Die Inhaltsstoffe dienen der Zellerneuerung, Regulierung des Hautstoffwechsels, Straffung und Regenerierung der Haut. Sie haben außerdem antioxidative und abwehrstärkende Eigenschaften. Auch wird der Hagebutte eine aphrodi-sierende Wirkung zugeschrieben.

Dass Hagebutten schon in der Steinzeit genutzt wurden, belegen archäologische Funde am Bodensee, und Plinius der Ältere beschrieb bereits im 1. Jahrhundert n. Chr. die hervorragende Heilwirkung der Rosenfrucht. Karl der Große verfügte in seiner Landgüterverordnung um 800 n. Chr. den Wildrosenanbau zu medizinischen Zwecken auf allen Landgütern, wobei auch die Hagebutten genutzt wurden. Auch Hildegard von Bingen kannte die Heilanwendungen der Wildrose.

Das Interesse am kommerziellen Anbau begann aber erst mit der Entdeckung des hohen Vitamin-C-Gehalts dieser Früchte. Sebastian Kneipp empfahl Hagebuttenaufkochungen bei Nieren- und Blasenleiden oder Magenkrämpfen. Früher wurden frisch vom Strauch gepflückte Hagebutten samt den Kernen auch zum Abtreiben von Bandwürmern gegessen.

Das Wissen um die heilende Kraft der Hagebutte ist im Laufe der Jahrhunderte leider weitgehend verloren gegangen und spielt nur noch eine sehr untergeordnete Rolle. Heutzutage werden die Weinrose *Rosa rubiginosa* und ihre Hybriden sowie die Hundsrose und ihre Sorten verwendet. Kaltgepresstes Hagebuttenkernöl wirkt gut bei Brandwunden zur Narbenrückbildung und ist aufgrund der vielen essenziellen Fettsäuren auch als Öl für die tägliche Nahrungszubereitung wertvoll für die Gesundheit. Hagebuttentee hilft durch den hohen Vitamin-C-Gehalt vor allem gegen Erkältungen. In Chile gilt Kaffee aus gerösteten Hagebuttenkernen als bewährtes Mittel gegen Magenschleimhautentzündungen.

Hagebutten in Ketchup

Heute sind fast nur noch Verwertungsprodukte wie Hagebuttentee und Hagebuttenmus oder kosmetische Produkte mit Wildrosenöl populär. An ihre einstige Bedeutung erinnert sich kaum noch jemand. In Amerika wird sie sogar als billige Anreicherung für Ketchup verwendet.

Die meisten Hagebutten reifen ab September bis Mitte Oktober, einige

Sorten auch früher, andere später. Hagebutten liefern je nach Art, Standort und Reifegrad zwischen 100 und 3500 mg Vitamin C; jedenfalls zehnmal so viel wie die schwarze Johannisbeere und 50-mal so viel wie Zitrone oder Erdbeere. Aber auch andere Inhaltsstoffe der Hagebutte, besondere Flavonoide, Karotinoide und Pektine wirken gesundheitsfördernd. Die Hagebutten aus dem Garten meiner Großmutter waren für diese gesundheitsfördernden und medizinischen Zwecke nicht geeignet. Edelrosen produzieren keine kulinarisch oder medizinisch nützlichen Hagebutten.

In einem hessischen Naturschutzgebiet sollte ich noch mehr über die Hagebutte erfahren. Das Elternhaus meiner Urgroßmutter liegt an der Rheininsel »Kühkopf« in Stockstadt, unweit von Darmstadt. Der »Kühkopf«, der aus der Vogelperspektive tatsächlich eine gewisse Ähnlichkeit mit einem Kuhkopf hat, wurde erst durch die Rheinbegradigung von Johann Gottfried Tulla im 19. Jahrhundert zur Insel. Stockstadt, einst bedeutende Handelsstadt, geriet ins Abseits, die Handelsschiffe fuhren nicht mehr direkt vorbei, sondern folgten dem neuen Flussabschnitt. Der Ort verlor immer mehr an Bedeutung und wurde zu dem unbekannten kleinen Dörfchen an der Rheininsel, das es heute ist.

Trotz der Begradigung tritt der Rhein an dieser Stelle regelmäßig über die Ufer und verwandelt das Gebiet kurzfristig in eine Sumpflandschaft, die eine besondere Flora hervorgebracht hat: den Auenwald. Vor allem im Frühling und im Herbst, wenn der Rhein sich wieder in sein Bett zurückgezogen hat, ist ein Spaziergang auf der Insel etwas Besonderes. Im März/April, wenn die ersten wärmenden Sonnenstrahlen den Auenwaldboden in ein Blütenmeer voll von Anemonen und Schlüsselblumen verwandeln, Büsche und Bäume in zarten Farben strahlen und die Zugvögel zurückkehren, dann gibt es kaum etwas Schöneres, als über die Insel zu wandeln. Ebenso im Herbst, wenn die Früchte auf den Wiesen Reh und Hase aus ihren Verstecken kommen lassen, um sich daran zu laben. In den Sommermonaten dagegen ist es meistens die Hölle. Schlimmer als in jedem tropischen Dschungel überfallen dann Heerscharen von Stechmücken die Spaziergänger.

An einem strahlenden Herbstmorgen dirigierte mich meine rüstige Großmutter wieder einmal über die Insel. Ich liebte vor allem diese für Deutschland so untypischen verschlungenen Urwaldpfade, umsäumt von mächtigen alten Buchen, an denen sich Lianen emporwanden.

Wilde Rosen am Rhein

Damals war der Kühkopf gerade im Umbruch. Intensive Landwirtschaft, Autoverkehr und sogar Ölbohrungen wurden nach und nach eingestellt und die Insel in ein Naturschutzgebiet umgewandelt. Noch heute führt eine asphaltierte Straße quer über die Insel und endet am Neurhein. Früher verkehrte hier eine Autofähre. Schon damals in den 70er Jahren wurde der Kühkopf für den öffentlichen Verkehr gesperrt und die Natur konnte sie sich nach und nach wieder zurückerobern.

Meine ortskundige Verwandtschaft mied – zu meiner großen Freude und zum Leid meiner Großmutter in ihren neuen Schuhen – diese Asphaltstraße und führte uns auf einem verschlungenen Pfad des Auwalds, der an einer Wiese endete. Die wärmenden Sonnenstrahlen entlockten dem in der Nacht stark ausgekühlten, durchfeuchteten Wiesengrund einen zarten Nebelschleier, der sich wie ein Mantel um die Wiese legte: Der Atem der Auen. In der Ferne sprangen ein paar Rehe durch den weißen Schleier, Apfelbäume mit rot leuchtenden Früchten reihten sich am Ende der Wiese aneinander und Korbweiden schauten wie frisch frisierte Köpfe aus dem weißen Mantel hervor.

Nach ein paar Schritten entlang des Wiesenrands sah ich sie:

»Die Männlein im Walde« mit den purpurnen Kleidern, leuchtend hellrot strahlten sie an meterhohen Dornbüschen am Wegesrand: Hagebutten, alles voll mit Hagebutten. In perfekter Form, perfekter Farbe mit den schwarzen Hütelein. Ich war begeistert. Nie zuvor waren mir Stadtkind Wildrosen aufgefallen. Wahrscheinlich hätte ich damals ihre charakteristische, bescheidene Fünfblättrigkeit der Blüten noch nicht einmal der Rose zugeordnet. Doch »mein Studium« der Rosenfrucht ließ mich schnell folgerichtige Schlüsse ziehen: Das waren riesige Wildrosenbüsche mit Unmengen Hagebutten.

Bezaubernd leuchteten die Früchte in der Sonne. Spinnweben durchzogen Dornen und Geäst, bestückt mit Tautropfen, die sich wie Perlen aufreihten und an denen sich die Lichtstrahlen in einem bunten Spektrum brachen. Wilde Hopfentriebe wanden sich zwischen starken Trieben der Rosensträucher, die mit ihren glutroten Enden in einer langen Reihe weit über die Wiese leuchteten.

Nibelungengold und Rosengarten

In den Schwemmsandböden der Altrheinauen fühlt sich die Wildrose offensichtlich besonders wohl – das lässt sich schon mittelalterlichen Sagen entnehmen. Im »Rosengarten zu Worms« aus dem *Nibelungenlied* heißt es:

Zu Worms am Rhein legt Kriemhild einen Rosengarten um eine Linde herum an. Der Garten wird von zwölf Wormser Helden bewacht. Kriemhild fordert Dietrich von Bern heraus: Er solle mit seinen elf besten Rittern im Wormser Rosengarten um die Ehre kämpfen. Der Siegespreis ist nur vordergründig ein Kuss der Prinzessin sowie ein Kranz aus Rosen, hauptsächlich geht es um Krone und Reich. Dietrich nimmt die Herausforderung an. Im Rosengarten werden zwölf Einzelkämpfe ausgetragen, die alle zugunsten der Berner enden. Kriemhild muss den Sieger küssen, der Garten wird zerstört und Worms bekommt einen neuen Herrscher.

Im *Nibelungenlied* ist auch von dem einstigen Ort Lochheim, unweit des heutigen Naturschutzgebiets Kühkopf, die Rede. Genau dort soll Hagen von Tronje den Schatz der Nibelungen versenkt haben. Es wurde sozusagen zum deutschen »Atlantis«. Ein Mainzer Schatzsucher ist sogar davon überzeugt, dass der Schatz der Nibelungen heute, 1500 Jahre nach Hagens Versteckspiel, dank der Rheinbegradigung an Land liegt, zehn bis 15 Meter unter der Erde. Auch wenn Kriemhilds Rosengarten ebenso verschwunden ist wie das Nibelungengold, die Wildrosen gedeihen einst und jetzt prächtig in den Rheinauen. Diese wilde und gleichzeitig liebliche Insel hat mich immer wieder magisch angezogen. Damals galt meine ganze Aufmerksamkeit den Hagebutten. Noch mehr als ihr Anblick begeisterte mich meine Tante, die eine Gartenschere und eine Tüte auspackte. Wir ernteten reichlich von den leuchtend roten Früchten und verarbeiteten sie sogleich auf dem Hof.

Wir wuschen, schnippelten und kochten – und ich behielt die Kerne für meine Zwecke. Aber beeindruckt war ich von dem köstlichen, fertigen Hagebuttenmus:

Hagebuttenmarmelade

1 kg Hagebutten, möglichst im Oktober, das heißt vor dem ersten Frost geerntet, von den schwarzen »Hütchen« befreien und klein schneiden. Mit 500 g Zucker und dem Saft einer halben Zitrone und so viel Wasser mischen, dass die Früchte gerade bedeckt sind. Das Ganze aufkochen lassen und so lange kochen, bis sie völlig weich sind.

Anschließend die Fruchtmasse zweimal durch ein Haarsieb streichen, Kerne und Schale entsorgen. Unter Rühren mit einem Holzspatel das Püree bei starker Hitze kochen, bis es eingedickt ist. Dann die Mischung bei hoher Temperatur unter ständigem Rühren kochen, bis die Masse zu gelieren beginnt. Die heiße Marmelade in mit kochendem Wasser ausgespülte Gläser füllen und sofort verschließen.

Vitaminschonender ist es, die Früchte vor dem Kochen zu pürieren und mit 2:1 Gelierzucker in kürzerer Zeit einzukochen. Der Nachteil ist, dass dafür die Kerne vorher entfernt werden müssen, was ziemlich viel Arbeit macht.

Noch ein Tipp für eine köstliche Ergänzung: Mischen Sie der Hagebuttenmarmelade kurz vor Ende der Kochzeit in Zuckersirup eingelegte Rosenblätter bei. Weitere gute und vitaminreiche Kombinationen sind Hagebutten mit Sanddorn oder Himbeeren. Tiefgefrorene Himbeeren können beim Kochen ohne vorheriges Auftauen zugegeben werden.

Hagebuttenmus schmeckt nicht nur auf dem Brot, es ist auch eine hervorragende, vitaminreiche Zugabe zu Quark oder Joghurt und eine interessante Beilage zu Wild.

4
Märchenprinzen und andere
Rosenwächter

»›Ich bin für meine Rose verantwortlich ...‹
wiederholte der kleine Prinz, um es sich zu merken.«

ANTOINE SAINT-EXUPÉRY, *Der kleine Prinz*

Der kleine Prinz ist eine wunderbare Geschichte, voller Symbolik und Poesie. Dass die Rose dabei im Mittelpunkt steht, hatte ich viele Jahre völlig vergessen. Erst als ich »meinem kleinen Prinzen« die CD schenkte und mit ihm anhörte, sah ich sie regelrecht vor mir, die schöne Rose, die zu dem kleinen Prinzen spricht. Der kleine Prinz, der mit einer kapriziösen Rose nicht zurechtkommt, deshalb seinen Asteroiden verlässt und seinen Weg der Erfahrung geht, um zu der Rose zurückzufinden.

Die Rose, sie ist die Verkörperung der Schönheit, der Liebe, des Mädchens und der Frau. In allen Rosenmärchen des Orients und Okzidents steht die Liebe im Mittelpunkt. Das berühmteste abendländische Märchen ist ganz sicher *Dornröschen* von den Brüdern Grimm. Ich machte mit ihm bei meinem ersten Besuch eines Kindertheaters Bekanntschaft. Die Aufführung war erschreckend unkindlich, gruselig und wenig rosig-romantisch. Damit war Dornröschen für mich erst mal gestorben.

Und Dornröschen hätte bei mir wahrscheinlich auch hundert Jahre schlafen müssen, wäre ich nicht bei Filmrecherchen auf Marianne Beuchert gestoßen, eine Koryphäe auf dem Gebiet der Pflanzensymbolik, begeisterte Gärtnerin, Autorin und Floristin. Ihr Buch *Symbolik der Pflanzen* brachte mich auf die Spur der »schwarzen Rose«, von der ich noch nie zuvor gehört hatte.

Als ich zum verabredeten Interview eintraf, fand ich Marianne Beuchert beim Rosenschneiden im Vorgarten. Unzählige Rosensorten in zarten Farben verströmten an einem strahlenden Juninachmittag einen zauberhaften Duft. Weit und breit war aber keine schwarze Rose zu sehen. »Nein, natürlich nicht«, meinte Frau Beuchert lächelnd: »Es gibt keine schwarzen Rosen.« Das bedurfte einer Erklärung, schließlich hatte ich gerade etwas völlig anderes gehört. Bei einer Tasse Tee in ihrem bezaubernden Gartenpavillon bekam ich eine ausführliche Antwort:

Die schwarze Rose ist das Symbol für die erotische Liebe, die Sexualität – aber sie existiert nicht. Es gibt nur sehr dunkle rote Rosen. Es wurde schon mit allen erdenklichen Züchtungestechniken versucht, schwarze Rosen zu züchten, und sie erzählte von einer Begegnung aus der Zeit, als sie noch in ihrem Blumengeschäft am Frankfurter Goetheplatz arbeitete, das noch heute ihren Namen trägt – Blumen Beuchert.

Sie erzählte, dass ein junger Mann in den Laden gekommen sei und nach einer schwarzen Rose gefragt habe. Damals sei sie ganz erstaunt gewesen und habe ihm gesagt, dass es keine schwarzen Rosen gebe. Der Mann bekam daraufhin einen hochroten Kopf und begnügte sich mit einer Rose in derselben Farbe. Für Marianne Beuchert war dies der Auslöser, sich mit dem Thema ausführlich zu befassen. Seit Jahrhunderten versuchen Züchter eine schwarze Rose zu kreieren. Der Reiz liegt einerseits in der Herausforderung des Unmöglichen, andererseits in der pornographischen Symbolik, verbunden mit der göttlichsten aller Blumen. Die nicht vorhandene schwarze Rose wurde zum Symbol für schwarze Magie und schwere Depressionen, sogar für den Suizid. Die Farbe der Rosen ist genauso symbolträchtig wie die Rose selbst. Auch die Brüder Grimm bedienten sich der Farbensymbolik bei der Rose, was besonders deutlich in dem Märchen *Schneeweißchen und Rosenrot* wird.

Kurz zusammengefasst: Weiße Rosen bedeuten Reinheit und Treue, gelbe Rosen Freundschaft und rote Rosen Sex – je dunkler, desto erotischer. Die Liebe steckt in allen Farben, nur die Ausrichtung ist unterschiedlich.

Als klassisches Beispiel für die Symbolik der Liebe und Erotik führte Marianne Beuchert, die Expertin für die Symbolik der Pflanzen, das Märchen *Dornröschen* an.

Wie alle Grimm'schen Märchen keine Erfindung der Brüder, sondern bei ihren Wanderungen gesammelt und verändert. Das Märchen kommt ursprünglich aus dem Frankreich des 17. Jahrhunderts, *La belle au bois dormant* von Charles Perrault, einer Zeit also, als die »Blumensprache« vor allem in

Frankreich noch von zentraler Bedeutung war. Vieles wurde »durch die Blume« gesagt. Und was wollte uns der Autor damit sagen?

Die damals schon hochbetagte und inzwischen leider verstorbene Autorin Marianne Beuchert hatte eine deftige und nicht ganz jugendfreie Antwort bereit, die im direkten Zusammenhang mit der roten Rose stand: Es geht dabei um Sex. Das Mädel (Dornröschen) verschläft die schwierige Zeit der Pubertät und wird durch den richtigen Prinzen von den Unbillen dieser Zeit durch die Liebe erlöst. Es geht hier allerdings nicht um die platonische Liebe. Die Symbolforscherin geht so weit, die sprießende Dornenhecke mit den wachsenden Schamhaaren gleichzusetzen, die es zu durchdringen gilt, die erblühenden dunkelroten Rosen als klaren Symbolträger der Sexualität anzusehen und den Blutstropfen, der fließt, als es sich mit der Spindel sticht, als Symbol für die erste Periode.

Die Interpretation des uralten Kindermärchens von Marianne Beuchert hatte mich tief beeindruckt, und ich beschloss, bei diesem Thema auch in andere Richtungen zu recherchieren. Beim Thema Dornenhecke kam ich zunächst auf eine ganz unerotische, interessante Nutzungsform, die in unseren Breiten üblich war, nämlich schlicht und ergreifend Schutz. Die Kelten und Germanen ließen dornige Rosenhecken um Siedlungen und Kultstätten wuchern, um sie vor Feinden zu schützen.

Wie Sie sich denken können, imponiert mir die romantische Interpretation des Märchens am meisten: Die Dornenhecke ist der Schutzwall vor all den bösen Männern und Mächten, bis der Richtige kommt, der den Schlüssel zum Herzen besitzt.

Was auch immer der Autor uns damit sagen wollte, Sex oder Romantik, das scheinbar simple Märchen offenbarte immer mehr Facetten. Wenn die Brüder Grimm Dornröschen auch nicht völlig frei erfunden hatten, so hatten sie ihm doch diese spezielle Symbolik gegeben. Aber woher kannten die Nordhessen die französische schlafende Schöne?

Ich konnte mir erneut von Frau Beuchert helfen lassen: In Nordhessen gab es eine Kasselaner Bürgerstochter und Geschichtenerzählerin mit hugenottischer Abstammung: Marie Hassenpflug. Sie soll die Mär weitergegeben haben. Da das Grimm'sche Märchen stark von dem Original abweicht und einen genauen Ort vermuten lässt, fragte ich weiter. Meine Recherchen führten zur nordhessischen Sababurg, die bis nach Japan den Ruf hat, das wahre Dornröschenschloss zu sein.

Die Sababurg wurde 1334 als »Zappenborgk« zum Schutz der Pilger zum nahen Wallfahrtsort Gottsbüren vom Erzbischof von Mainz gegründet.

Wenige Jahre zuvor, im Jahr 1329 oder 1330, wurde in dem Dorf Gottsbüren angeblich der unversehrte »Leichnam des Herrn«, Jesus Christus, gefunden und in der Kirche aufgebahrt. Der kleine Ort wurde zu einem bedeutenden Wallfahrtsort und die »Zappenborgk« ein Ort, der eben jenen Schutz bot – allerdings nur für Reiche und Adlige.

Dass diese Geschichte, die Kirchen- und Weltgeschichte umgeschrieben hätte, völlig in Vergessenheit geraten ist, liegt daran, dass sie natürlich ein Fake war – erdacht aus finanzieller Not. Die Nonnen des nahegelegenen Klosters Lippoldsberg drückten Geldsorgen. Eine Reliquie sollte Abhilfe schaffen und Wallfahrer anziehen. Doch Reliquien waren teuer und in ihrer Not ersannen sie einen, ich möchte fast sagen »teuflischen« Plan. Sie teilten die verwegene Idee dem Erzbischof von Mainz mit, der zwar grundsätzlich nichts dagegen hatte, dass die Schwestern eine Reliquie fälschten, aber nicht in dieser Konsequenz. Sein Ausspruch dazu ist überliefert: »Die Schwestern sind ohn' Maß und Ziel, ein ganzer Heiland ist zuviel!« Kurz danach, im Jahr 1330, tauchte ein Wandergeselle im Nonnenkloster auf, der Jesus Christus ähnlich sah und zufällig im Kloster verstarb. Ein verschwiegener Schmied brachte ihm die charakteristischen Wundmale bei und legte ihn in der Nähe eines Dorfes ab. Der Leichnam wurde gefunden und die Schwestern umgehend informiert: Der Leichnam Christi! Unverwest! Der Bischof erkannte das Wunder an, der Ort Gottsbüren wurde zu einer Wallfahrtsstätte mit gewaltiger Anziehungskraft. Mit einem Teil jener Einnahmen baute der Bischof die »Zappenborgk«, was Zapfenburg bedeutet. Wobei Zapfen für die steile Basaltkuppe gestanden haben soll. Aus Zappen wurde im Lauf der Zeit Saba. Wie die Kunde vom unverwesten Leichnam Christi aus den Köpfen der

Gläubigen verschwand, ist nicht verbrieft. Er ist wahrscheinlich einfach verwest und mit dem Zerfall des Körpers zerfielen auch die Pilgerströme. Ab 1490 errichteten sich die Landgrafen von Hessen im Herzen des Reinhardswaldes auf den Grundmauern der Ursprungsanlage ein prächtiges Jagdschloss, das sie bis zu Beginn des 19. Jahrhunderts bewohnten.

Danach verfiel die Schlossanlage schnell in jenen wildromantischen Zustand, den der Volksmund nach dem Erscheinen der *Kinder- und Hausmärchen* der Brüder Grimm als Indiz für den Ort ansah, an dem sich die Geschichte vom »Dornröschen« zugetragen haben muss. Ein von Efeu umranktes und »schlafendes« Schloss, so tief im Reinhardswald versteckt, umgeben von einer großen Mauer, die einst eine dichte und undurchdringliche Dornenhecke gewesen sein soll …

Rund einhundert Jahre später, im Jahr 1957, kaufte die Familie Koseck dem hessischen Landadel das Schloss ab und erweckte es aus dem »Dornröschenschlaf«, restaurierte es liebevoll, eröffnete Hotel, Restaurant und vieles mehr im Namen von Dornröschen.

Die Burg sieht tatsächlich genau so aus, wie zumindest ich mir ein Dornröschenschloss vorgestellt habe: Im Zentrum ein rosenumrankter runder Turm, der Burggraben voller duftender Rosen, das Schloss, das von weither sichtbar auf einem Hügel steht.

Während der Rosenzeit veranstalten die Besitzer an verschiedenen Wochenenden Festessen zu Ehren von Dornröschen. Zum Aperitif erscheinen Dornröschen und ihr auserwählter Prinz im rosenbewachsenen Burggarten, zitieren aus dem Märchen – und küssen sich natürlich zum Schluss. Zu dieser kleinen Vorführung wird ein Rosencocktail gereicht – Rosenlikör aufgefüllt mit Champagner und dekoriert mit Duftrosenblättern. Nach dem Dornröschen-Aperitif übernimmt der Burggärtner das Zepter und lädt zur Führung durch den Burggarten ein. Stolz präsentiert er die verschiedenen Rosensorten: Strauch-, Kletter-, Busch-, Bodendeckerrosen und vieles mehr, aber vor allem alte Rosensorten wie Apotheker- und Damaszenerrose, Mairöschen und Moosrose mit so ausgefallenen poetischen Namen wie »Petite de Hol-

DORNRÖSCHEN *ist nur eines von vielen Rosenmärchen,
aber hier bei uns wohl das berühmteste.*

lande«, »Madame Boll« oder »Chapeau de Napoléon«. Alte Rosen sind allerdings keine überalterten Rosenstöcke oder -büsche, sondern Sorten, die vor 1867 gezüchtet wurden. Vor allem zarte, pastellfarbene, duftende Strauchrosen mit weichen Trieben wurden bis zu jener Zeit kultiviert. Erst danach gelang die Züchtung der aufrecht wachsenden Teehybride mit hoher Knospe und festen Blütenblättern, die Sorte »La France«.

Im Burggarten der Sababurg wachsen nur solche Sorten, die schon zu Lebzeiten der Brüder Grimm existiert haben, die kurz vor dem »neuen Rosenzeitalter« verstarben. Das 19. Jahrhundert kann als das Jahrhundert der Rosenzüchter angesehen werden, und die »Schlafende Schöne« in Dornröschen umzudichten hing sicher auch mit dem damaligen Zeitgeist zusammen.

Nachdem Dornröschen und ihr Prinz sich zurückgezogen haben, die Rosencocktails geleert und die Führung durch den Burggarten beendet ist, werden die Besucher in die Burg geführt, an langen Tafeln platziert, die reich mit Rosen und Rosenblütenblättern dekoriert sind. Überall duftet es nach der »Königin der Blumen«, im Hintergrund ertönt leise klassische Musik. Die Tische sind so ausgerichtet, dass alle Gäste auf einen Tisch schauen, hinter dem ein großer persischer Wandteppich mit Rosenmotiv den Raum ziert.

Die literarische Fortsetzung an jenem Abend befasste sich durchaus auch mit Märchen und Rosen, präsentiert von einem Schauspieler und einer Schauspielerin, aber an der Lesung, an der ich teilnahm, schlief Dornröschen schon wieder. Hauptpersonen waren die Nachtigall und die Rose, ein Motiv aus dem Orient. Vor allem in der persischen Poesie taucht die Nachtigall, die sich nach der Rose sehnt, immer wieder auf. Die Rose als Symbol der weiblichen, göttlichen Liebe, die Nachtigall als das männliche Pendant. Aber auch im alten Rom und Griechenland war die Nachtigall ein Symbol der Liebe, sowohl Plinius der Ältere als auch Aristoteles beschäftigten sich mit dem singenden Zugvogel. Und was wäre die chinesische Literatur ohne ihre bittersüßen Nachtigallen-Dichtungen und -Märchen. Der scheue Vogel aus der Drosselfamilie mit seiner außergewöhnlichen Stimme verkörpert Bescheidenheit und Leidenschaft zugleich. Hinter seinem unscheinbaren Gefieder verbirgt sich ein leidenschaftlicher Gesang.

Ich war ergriffen von der Lesung der beiden Schauspieler im Dornröschen-schloss. Vor allem von Oscar Wildes Märchen *Die Nachtigall und die Rose*.

In dieser traurigen Geschichte ersticht sich die arme Nachtigall an einem Rosendorn und opfert sich für die unglückliche Liebe eines unerfahrenen Studenten, der ein habgieriges Mädchen anbetet, das der wahren Liebe nicht würdig ist.

Oscar Wilde war ein Zeitgenosse der Brüder Grimm und des Märchen-schreibers Hans Christian Andersen. Sie alle verwendeten die Rosensymbo-lik des klassischen Altertums und modifizierten sie für ihre Geschichten. Das Rose-Nachtigall-Motiv ist uralt, die Rose, die ortsgebundene Schöne, ver-körpert das Weibliche, die Nachtigall das flatterhafte Wesen, das sein Herz an (die Dornen der) Rosen verlieren kann.

Weit weniger platonisch, dafür umso erotischer wurde das Motiv im 13. Jahrhundert im berühmten *Rosenroman* in Tausenden von Versen variiert. Vor allem im zweiten Teil von Jean de Meung sind Passagen wie »Am Ende – und nur soviel sage ich Euch – verstreute ich dort ein wenig Samen, als ich die Knospe geschüttelt habe; das geschah, als ich sie im Inneren beim Unter-suchen der Blütenblätter berührt habe …«

Eindeutig ein »durch die Blume« beschriebener drastischer Roman, der vor allem von Frauenrechtlerinnen sehr kontrovers diskutiert wurde. Dessen un-geachtet prägt dieser Roman bis heute die erotische Symbolik der roten Ro-sen in Literatur, Dichtung und Musik.

Für die Liebe des Protagonisten von Oscar Wilde und bei Exupéry steht die Rose für das höhere reine Wesen, dessen sich der »kleine Prinz« erst wür-dig erweisen muss. Dass es nicht nur um Sex, sondern um reine Liebe geht, diese Interpretation würde mir beim Dornröschen auch am besten gefallen.

Die Gedanken an Dornröschen, die arme Nachtigall und den enttäuschten Studenten nahmen mich so gefangen, dass ich das Rosenmenü kaum wahr-nahm:

❀ Blattsalate mit Rosenblütenblättern, Himbeerdressing und rosa Entenbrust

❀ Rehrücken an Preiselbeer-Hagebuttensauce mit Spätzle und Rotkraut-Rosengemüse
❀ Rosensorbet an Himbeersauce

Was durchaus ein Fehler war, die Rosenküche im Dornröschenschloss ist hervorragend und wird zu einem noch größeren Genuss, wenn man anschließend nicht mehr nach Hause fahren muss, sondern im Turmzimmer, der Dornröschensuite, hinter rosenumrankten Gemäuern märchenhaft von Prinzen und Rosen träumen kann.

Die nordhessische Sababurg soll den Brüdern Grimm
als Vorlage zu ihrer Märchenerzählung gedient haben.
Heute ist die Sababurg ein Schlosshotel,
das die Dornröschengeschichte weiterträgt.

5

Der Apotheker und
die Destille

Dem Thema Märchen näherte ich mich mit fortschreitendem Alter künstlerisch: im Kinderballett. Zu meinem Leidwesen durfte ich allerdings weder Schneewittchen noch Dornröschen verkörpern. Da mein Taktgefühl stets schwer zu wünschen übrig ließ, fiel ein Primadonna-Auftritt in der ersten Reihe flach, was mich nicht sonderlich betrübte, denn aus der hinteren konnte ich die vordere Reihe nachahmen und musste mir nicht so viel merken. Viel spannender erschien mir die Zusammenstellung der Kostüme und der Requisiten. Jeder aus unserer Truppe hielt die Augen offen, um passende Gegenstände oder Kostüme für die Vorstellung zu finden.

Auf meinem Weg zum Ballettsaal lag eine Apotheke, deren Schaufenster mit wunderschönen antiken Gerätschaften dekoriert war. Die hätten sich gut als Requisiten auf der Bühne für Schneewittchens böse Stiefmutter geeignet. Vor allem die gläserne Destillieranlage, in der Rosenblütenblätter auf ihre Extraktion warteten. Ich nahm meinen ganzen Mut zusammen und fragte in der Apotheke, ob wir für unsere Aufführung das alte Gerät aus dem Schaufenster oder etwas Ähnliches ausleihen könnten. Der freundliche Apotheker lehnte bedauernd ab, es wären alles alte Erbstücke, die nicht wiederzubeschaffen seien. Er würde uns aber gerne zeigen, wie die Destillation funktioniert, wenn es ihm seine Zeit erlaubte.

Dazu kam es erst ein paar Jahre später. Nach dem Zwergenauftritt gab ich meine Ballettkarriere vorübergehend auf und verlor die Apotheke aus den Augen. Erst als wir in der 9. Klasse vor der schwierigen Aufgabe standen, uns einen Platz in einem Betrieb für ein Schülerpraktikum zu suchen, fiel mir die wundervolle Apotheke wieder ein. Und meine Anfrage wurde von Erfolg gekrönt.

Schon bei der ersten Besichtigung der Apotheke hatte ich das Labor hinter der Glaswand entdeckt. Ich war hin und weg von den vielen alten Apotheker-Schränken mit unzähligen Schublädchen und zahlreichen Gegenständen aus der »Hexenküche«. Enthusiastisch besorgte ich mir den notwendigen Laborkittel und weißes Schuhwerk – und dann stand ich da: Eine Hilfsverkäuferin in Weiß. Gelegentlich durfte ich beim Rühren einer Salbe oder Abwiegen eines Heiltees helfen. Das war aber schon so ziemlich alles, was in diesem Apotheker-Alltag passierte – zumindest, was ich als Praktikantin mitbekam.

Ich glaube, der Apotheker sah mir meine Enttäuschung an. Vorsichtig fragte ich nach, ob in der Apotheke keine Medizin mehr hergestellt wird, bedauernd schüttelte er den Kopf. Am nächsten Morgen blickte ich zu meiner großen Verwunderung in ein sehr vergnügtes Apothekergesicht und Dr. Mohr forderte mich auf, ihm zu folgen.

Im hinteren Laborbereich hatte er am frühen Morgen die Destillieranlage aufgebaut, genau das Gerät, das ich Jahre zuvor im Schaufenster bewundert hatte.

Dr. Mohr hatte verschiedene Tüten mit getrockneten Blättern und Blütenblättern vorbereitet und überließ mir die Auswahl. Ich brauchte nicht lange zu überlegen, meine Wahl fiel natürlich auf die getrockneten Rosenblüten der *Rosa gallica* – der uralten Apothekerpflanze.

Die Apparatur füllte den ganzen Labortisch aus. In den Glaskolben hatte der Apotheker bereits Wasser gefüllt und gab nun die Blüten hinzu, die er zuvor mit einer Apothekerwaage exakt abgewogen hatte. Bevor sie in den Glaskolben kamen, durfte ich sie noch mit dem Mörser zerkleinern, damit die Duftstoffe sich leichter aus den Zellen lösen.

Die zerstoßenen Pflanzenteile für die Wasserdampfdestillation werden bei frischem Pflanzenmaterial im Verhältnis 1:5 mit Wasser gemischt – bei getrocknetem ist es niedriger. Ätherische Öle sind nur in sehr geringen Mengen in Pflanzen enthalten, das bedeutet, dass die Ausbeute entsprechend niedrig ist, dafür aber sehr duftintensiv. Ätherisch bedeutet auch geistig, leicht flüchtig, kaum spürbar – und genau so ist die Beschaffenheit dieser Öle. Im Gegensatz zu den fetten Ölen wie Sonnenblumenöl, Olivenöl etc., die durch

Pressen gewonnen werden, hinterlassen ätherische Öle auch keine Fett-flecken, sie verdampfen einfach und dabei verbreiten sie ihren Geruch.

Die geringe Ausbeute bei der Herstellung macht diese Substanzen so teuer und wertvoll. Eine Tonne frische Rosenblütenblätter liefern höchs-tens 200 Gramm ätherische Öle. Ägypter und Römer schätzten bereits den Wert dieser Duftstoffe und wogen ihn mit Gold auf.

Die Methode der Wasserdampfdestillation wurde im 8. Jahrhundert von den Arabern erfunden, sie konstruierten als Erste einen Destillierapparat. Bis heute ist diese Methode die wirtschaftlichste Art, der Pflanze die wertvollen Moleküle zu entlocken. An der Apparatur hat sich bis in unsere Tage eben-falls wenig geändert.

Die Wasserdampfdestillation nutzt die Eigenschaft der ätherischen Öle, leicht zu entweichen, in die Luft aufzusteigen, vom flüssigen in den gasför-migen Zustand überzugehen. Deshalb ist es wichtig, dass die Blüten am frü-hen Morgen geerntet werden – am Nachmittag hat sich ein Großteil der Mo-leküle bereits verflüchtigt und wird erst während der Nacht wieder neu gebildet. Während der Destillation steigen die ätherischen Öle zusammen mit dem Wasserdampf auf, entweichen aus den durch das Kochen zerstörten Pflanzenzellen. In der Kühlschlange kondensieren Wasserdampf und ätheri-sche Öle wieder und tropfen am Ende der Apparatur in ein Gefäß. Da sie nicht wasserlöslich sind, schwimmen sie als Fettaugen auf der Wasseroberflä-che und können mit einer Pipette vorsichtig abgezogen werden. In den gro-ßen kommerziellen Anlagen wird das Öl selbstverständlich abgezapft und muss nicht tropfenweise abgesaugt werden.

Doch auch das Wasser – quasi der »Abfall« bei der Rosenölherstellung – hat es in sich: Ein Teil der Duftstoffe ist wasserlöslich und vermischt sich mit dem kondensierten Wasser. Dieses so genannte Hydrolat kommt als Rosenwasser in den Handel und ist nicht nur wohlriechend, sondern auch gesundheitsför-dernd. Vor allem in Bulgarien, dem Zentrum der Damascenerrose, deren Öl nur durch Wasserdampfdestillation gewonnen wird, gilt das Hydrolat fast als Allheilmittel. Große Destillerien haben sich auf dessen Herstellung spezi-alisiert und besondere Verfahren entwickelt, durch die sowohl Rosenwasser als auch Rosenöl noch konzentrierter werden. Die Produkte werden gehandelt wie Gold.

In der Naturkosmetik wird dem Rosenwasser eine beruhigende, antivirale, antiseptische, entzündungshemmende und wundheilende Wirkung zugesprochen. Ich verwende Rosenwasser an Stelle von Gesichtswasser zur täglichen Reinigung der Haut.

Rosenwasser gilt auch als Jungbrunnen. Das Hydrolat spendet Feuchtigkeit. Dadurch wird nicht nur die Gesichtshaut erfrischt, auch der Alterungsprozess der Haut soll mit Hilfe von Rosenwasser verlangsamt werden. Vor allem bei einer zur Rötung neigenden Haut eignet sich Rosenwasser, denn es reinigt, ohne den Säureschutzmantel zu zerstören.

Außerdem gilt Rosenwasser als wirksames Heilmittel bei Augenreizungen. Aromatherapeuten empfehlen insbesondere bei Bindehautentzündung die Behandlung mit Rosenwasser.

Ein Mann, der ganz und gar kein Therapeut oder Arzt war, verordnete seinen Frauen stets die Anwendung von Rosenwasser, beziehungsweise übernahm die Behandlung gleich selbst:

Casanova soll seine Verehrerinnen immer mit Rosenwasser beträufelt haben, bevor er sie verführte.

Die Rose, das schönste Aphrodisiakum der Welt – nicht nur äußerlich, sondern auch innerlich. Sowohl Rosenwasser als auch Rosenöl sind als Nahrungsmittel geeignet und sollen die Liebeskräfte stärken.

Liebestropfen

2 Esslöffel Honig in 100 ml warmem Rosenwasser auflösen, eine Messerspitze Zimtpulver, 1 Teelöffel geriebener Ingwer, 1 Tropfen Bittermandelöl zugeben und alles miteinander vermischen.

2 Teelöffel unverdünnt einnehmen. Das Elixier eignet sich auch gut als Dessert-Zusatz, beispielsweise mit heißen Himbeeren über Vanilleeis, oder wie ein Sirup mit einem Glas Sekt aufgießen.

Rosenwasser hat noch zahlreiche andere positive medizinische Eigenschaften, es verbessert unter anderem die Darmaktivität und steigert die Immun-
abwehr. Außerdem wird der Körper durch die Einnahme von Rosenwasser
wirksam entschlackt und entgiftet. Ich empfehle eine Frühjahrskur mit Rosenwasser. Dafür sechs Wochen lang täglich morgens nüchtern ein Glas lauwarmes Wasser mit ein paar Spritzern Rosenwasser trinken. Die Kur möglichst mit einer alkoholfreien, fett- und zuckerarmen Zeit verbinden.

Wenn Sie noch mehr für Ihre innere und äußere Schönheit tun möchten, hier
noch ein paar Tipps: Ich benutze Rosenwasser als Tonikum zur täglichen
Reinigung des Gesichts. Einfach ein paar Spritzer Rosenwasser auf ein Wat-
tepad geben und damit das Gesicht reinigen oder auch ein bis zwei Teelöffel
Rosenwasser und einen Tropfen Rosenöl zu einer Gesichts- oder Dekolleté-
maske hinzufügen. Überanstrengte Augen entspannen sich wunderbar durch
Rosenwasser. Dafür zwei Wattepads mit Rosenwasser tränken, auf die ge-
schlossenen Augenlider legen und mindestens 20 Minuten wirken lassen.
      Für ein Peeling nehme ich Olivenöl, grobes Salz, ein paar Tropfen Rosenöl
und einem Spritzer Zitronensaft. Das Ganze vermische ich zu einem Brei und
benutze es als Peeling für den ganzen Körper.

Aber auch bei diesem wunderbar duftenden Heilwasser gilt der alte Paracel-
sus-Spruch: »All Ding' sind Gift und nichts Ding ist Gift« – also nicht viel
hilft viel, sondern Vorsicht bei der Dosierung – und beim Einkauf. Rosenwasser ist teuer und Rosenöl erst recht. Die positive Wirkung wird durch eine
Überdosierung keinesfalls gesteigert. Bitte beachten: Rosenwasser enthält
häufig Konservierungsstoffe, beispielsweise Paraben oder Natriumbenzoat,
und ist dann nur für kosmetische Zwecke geeignet. Was durchaus sinnvoll ist,
denn reines Rosenwasser ohne Konservierungsstoffe ist nicht länger als drei
Monate haltbar.

Auch ohne Konservierungsstoffe ist Rosenwasser nicht gleich Rosenwasser.
Zum einen variiert der Gehalt an Inhaltsstoffen sehr stark und zum anderen ist

mit dem Begriff Rosenwasser nicht immer das Hydrolat gemeint. Auch ganz normales Wasser, das ein paar Tropfen Rosenöl enthält, kommt als Rosenwasser in den Handel und ist nicht zu vergleichen mit dem echten Rosenwasser. Im Fachjargon heißen solche Mischungen Aquarom.

Gleiches gilt für das Rosenöl. Pressöle, beispielsweise Sonnenblumenöl, die ein paar Tropfen ätherisches Rosenöl enthalten, kommen genauso in den Handel wie künstliches Rosenöl – sie sind allerdings viel billiger. Ich bevorzuge die reinen Produkte und stelle meine Mischungen selbst her.

Achten Sie also beim Einkauf genau darauf, was Sie bekommen. In der Apotheke werden sie am besten beraten. Ich selbst bestelle bei Ekaterina El Batal, die auch Rosenreisen veranstaltet (s. Kapitel »Im Tal des duftenden Goldes«).

Bei uns ist Rosenwasser vor allem als Bestandteil einer Delikatesse bekannt: Marzipan. Wir Frankfurter kennen es, seit der französische Koch der Bankiersfamilie von Bethmann im 19. Jahrhundert das Marzipan einführte und Konfekt mit vier Mandelhälften, symbolisch für deren vier Kinder, kreierte. Als eines der Kinder starb, ließ die Mutter anordnen, dass fortan nur noch drei Mandelhälften das Konfekt zieren. Solche und noch viele andere Geschichten ranken sich um die Einführung des Marzipans. Heute werden die unterschiedlichsten Formen in Kaufhäusern, Supermärkten und Süßwarenläden angeboten. Dieses Marzipan enthält nur noch selten echtes Rosenwasser und meist auch nicht nur Mandeln, sondern billigeren Ersatz. In Gewürzläden gibt es noch am ehesten Marzipanrohmasse mit echtem Rosenwasser. Marzipan lässt sich aber auch selbst herstellen:

Zutaten:

400 g Mandeln mit kochendem Wasser überbrühen und häuten. Mit einem Fleischwolf oder einer elektrischen Mühle fein mahlen und anschließend mit 200 g gesiebtem Puderzucker vermischen. Das Mark einer Vanilleschote auskratzen und auf die Mischung geben. Etwa 50 ml lebensmittelechtes Rosenwasser nach und nach zugeben und mit dem elektrischen Rührer verkneten, bis

eine gleichmäßige Masse entsteht. Das Ganze in eine feuerfeste Form geben und bei 150 Grad etwa 30 Minuten im Backofen trocknen und anschließend noch einmal durchkneten. Wer den Rosengeschmack intensivieren möchte, kann noch ein bis zwei Tropfen Rosenöl zugeben.

Ursprünglich stammt das Marzipan wahrscheinlich aus dem Orient und wurde von den Kreuzrittern nach Europa gebracht. Mit der Anpflanzung der Mandelbäume in Südeuropa wurden auch die Rezepturen eingeführt und verfeinert. In Mallorca basiert die ganze Kultur auf der Mandel. Mit ihr wurde geheizt, gebaut, geduftet und natürlich in allen süßen und salzigen Varianten gekocht. Die Mandel war im Mittelalter als Aphrodisiakum genauso bekannt wie die Rose. Die Verbindung der beiden Liebesmittel zu einem einzigen – noch effektiveren(?) – lag auf der Hand. Kaum verwunderlich, dass die Herstellung zunächst Sache der Apotheker war und nur Adlige oder reiche Bürger sich diesen Genuss leisten konnten. Obwohl Marzipan zur Steigerung der Liebeskräfte gehandelt wurde, hatte die Kirche nichts gegen den Verzehr, erlaubte Marzipan sogar während der Fastenzeit. Darüber hinaus wurden dem Marzipan allerlei gesundheitsfördernde Eigenschaften zugesprochen, zur Stärkung von Schwachen und Kranken, zur Regeneration nach Geburten sowie zur Förderung der Genesung.

Aber auch anderen Gerichten – vor allem Süßspeisen – verleiht Rosenwasser eine besondere Note (und Wirkung):

Ein Schuss Rosenwasser krönt eine Mousse au Chocolat mit einem blumigen Bukett – ein köstlicher Abschluss für ein Liebesmenü.

Mein Favorit ist Himbeersorbet mit Rosenwasser:

Geben Sie zu 400 g tiefgekühlten Himbeeren 200 ml Rosenwasser und 200 g Zucker und pürieren das Ganze mit dem Saft von zwei Limonen im Mixer. Entweder direkt servieren, da die Himbeeren gefroren waren, ist die Masse halbgefroren, oder für späteres Servieren in der Gefriertruhe aufbewahren, dann aber alle halbe Stunde herausnehmen und gut umrühren, sonst wird das Sorbet hart.

Im persischen Raum ist Rosenwasser ein fester Bestandteil der Küche. Rosenwasser verleiht allen Speisen ein dezentes, blumiges Aroma und eignet sich hervorragend zum Würzen von weißen Soßen. Dafür lösche ich den Bratfond mit Weißwein und ein paar Spritzern Rosenwasser ab, füge einen Becher Sahne hinzu und lasse das Ganze cremig einkochen, bevor ich die Sauce mit Pfeffer und Salz abgeschmeckt serviere.

Das Rosenöl

Das ätherische Rosenöl ist für die meisten Rosenfans das eigentliche Objekt der Begierde. Es enthält ca. 400 verschiedene Inhaltsstoffe und ist das teuerste aller ätherischen Öle:

35 bis 55 Prozent L-Citronellol, 30 bis 40 Prozent Geraniol, fünf bis zehn Prozent Nerol, Ethanol, Phenylethylalkohol, L-Linalool, Citral, Carvon, Eugenol, Eugenolmethylether, Farnesol, höhere aliphatische Kohlenwasserstoffe und Aldehyde, ferner Fette, Gerbstoffe, Apfelsäure, Bernsteinsäure.

Wie das Rosenwasser, so soll auch das Rosenöl die Haut glätten, die Zellneubildung anregen und beruhigend wirken. Außerdem hat Rosenöl antibiotische Eigenschaften. Rosenöl kann auch direkt auf gereizte Hautpartien aufgetragen werden. Bei Gürtelrose soll diese Anwendung große Heilerfolge haben. Rosenöl hat sich ebenfalls bei Kopfschmerzen, Fieber, Hautentzündungen, Schlafstörungen und Depressionen bewährt. Ebenso hilft es bei vielen Frauenleiden wie unregelmäßiger Monatsblutung und Erschlaffung der Gebärmuttermuskulatur. Es unterstreicht die Weiblichkeit und übt eine »öffnende«, erotisierende Wirkung auf Geist, Seele und hormonelles System aus. Als Aphrodisiakum soll es Frauen und Männern helfen.

Außerdem enthalten zahlreiche Kosmetika Rosenöl, vor allem in Körperölen, Gesichtscremes und Seifen. Einige Naturkosmetikhersteller wie Dr. Hauschka und Weleda haben spezielle Rosenlinien im Sortiment.

Wenn Sie die Rose als Hausmittel einsetzen möchten, achten Sie genau auf die Inhaltsstoffe. Cremes sollten sowohl Rosenwasser (das reine Hydrolat) als auch das reine ätherische Öl enthalten. Einige Hersteller verkaufen auch Rosenöl, das sie durch Einlegen der Rosenblüten in Öl gewinnen. Dagegen ist im Prinzip nichts einzuwenden und ein solches Öl lässt sich auch wunderbar selbst herstellen:

100 g Rosenblütenblätter, am besten von *Rosa damascena* oder *Rosa alba* (auf jeden Fall Blütenblätter von einer ungespritzten Duftrose) im Mörser mit etwas Quarzsand aus der Apotheke zerstoßen und in einem großen Gefäß mit einem Liter biologischem Pflanzenöl, möglichst Mandelöl – zur Not geht auch Sonnenblumenöl – aufgießen. In eine große, breithalsige dunkle Glasflasche geben und in die Sonne stellen. Täglich vorsichtig schwenken und nach sechs Wochen durch ein Sieb und Gazetuch abgießen und in Portionsflaschen füllen. Das Öl wird noch intensiver, wenn Sie den Vorgang wöchentlich mit neuen Blüten wiederholen. Dafür das abgegossene Öl erneut mit frischen Blüten versetzen.

Auch hier gilt, dass die Rosenblätter kurz nach Sonnenaufgang geerntet werden sollten. Als Pflanzenöl wählen sie am besten eines, das an sich schon gute kosmetische Eigenschaften – wie Mandelöl – und keinen starken Eigengeruch hat – wie beispielsweise Olivenöl, das zwar gut für die Haut ist, aber stark riecht und der Rose keinen Raum geben würde. Auch Öle, die durch chemische Extraktion gewonnen wurden, sollten Sie meiden.

Dies ist sicher die schonendste Methode, den Blüten die ätherischen Öle zu entlocken, aber der Gehalt ist nicht genau bestimmbar. Falls gewünscht, können Sie dem Öl noch zusätzlich ein paar Tropfen von reinem ätherischen Öl zusetzen.

Zum Schluss noch eine weitere Spezialität aus der Destille: Rosenschnaps. Es gibt tatsächlich Spezialisten, die ausprobiert haben, aus Rosenblütenblättern Schnaps zu brennen, und sich über das Internet austauschen. Dort können Sie auch komplette Destillieranlagen schon ab 100 Euro bestellen. Diese Anlagen können Sie sowohl zur Herstellung von ätherischen Ölen verwenden als auch für Schnaps. Die Vorbereitungen dafür sind allerdings völlig unterschiedlich.

Das Prinzip des Alkoholbrennens ist die alkoholische Gärung von stärkehaltigen Pflanzenteilen. Durch das Brennen wird der Alkohol von der Maische getrennt. Erfolgreich wird im Elsass ein Schnaps aus Rosenfrüchten, den Hagebutten, hergestellt. Die zarten Rosenblüten eignen sich besser für Likör.

Dafür füllen Sie eine weithalsige dunkle 1-Liter-Flasche bis zum Rand mit Rosenblüten und bestreuen diese mit 100 g Zucker. Das Ganze mit weißem Rum auffüllen und vorsichtig umrühren. Mindestens sechs Wochen ziehen lassen und anschließend abgießen und in kleine Flaschen umfüllen.

Zurück zur Apotheke. Den Likör können Sie auch hervorragend mit Ethanol aus der Apotheke herstellen. Erklären Sie der/dem Apotheker/in, was Sie vorhaben, sonst bekommen Sie womöglich den viel billigeren vergällten Alkohol. Wenn Sie 95-prozentiges Ethanol kaufen, vermischen Sie 300 ml dieses Alkohols mit 700 ml Zuckersirup, übergießen die Rosenblüten damit und geben noch ein paar Tropfen Zitronensaft hinzu. Sie erhalten dann einen 30-prozentigen Likör.

Diese Weisheiten lernte ich damals auch in der Apotheke, allerdings nur theoretisch, da ich erst 16 Jahre alt war. Mit der Destillation waren meine Versuche keinesfalls beendet, ich durfte in den folgenden beiden Wochen noch zahlreiche Cremes und Salben rühren, Pillen drehen, Zäpfchen gießen sowie die unterschiedlichsten Tees zusammenstellen.

Eine ganz besondere Creme durfte ich mit nach Hause nehmen: eine Rosencreme. Heute werden vom Arzt verordnete Salben und Cremes nicht mehr komplett angerührt, sondern die Wirkstoffe einer Basiscreme oder -salbe hinzugefügt. Und so durfte ich mir zum Abschluss noch ein Töpfchen mit Basiscreme und ein paar Tropfen Rosenöl anrühren und damit meine Rosenpflegekollektion erweitern. Einfacher lässt sich keine Creme selbst herstellen.

6
Von Stacheln und Dornen

Als Allerschönste bist du anerkannt,
Bist Königin des Blumenreichs genannt;
Unwidersprechlich allgemeines Zeugnis,
Streitsucht verbannend, wundersam Ereignis!
Du bist es also, bist kein bloßer Schein,
In dir trifft Schaun und Glauben überein;
Doch Forschung strebt und ringt, ermüdend nie,
Nach dem Gesetz, dem Grund Warum und Wie.

JOHANN WOLFGANG VON GOETHE

Mein gärtnerisches Interesse bezog sich damals ausschließlich auf stachelige Weggefährten – zumindest hielt ich sie damals für stachelig: Kakteen waren das Objekt meiner Begierde. Gemeinsam mit einer Freundin sammelte ich die ausgefallensten Exemplare, besorgte Spezialerde, -dünger und kleine Gewächshäuser. Wir zogen sie aus Samen auf, vermehrten sie aus Stecklingen und brachten sie mit großem Eifer zum Blühen. Doch bei der käuflich zu erwerbenden Auswahl stießen wir bald an Grenzen – zumindest was unsere Spezialisierung auf Minikakteen, die bequem auf die Fensterbank passen, betraf. Damals gab es noch kein Internet, sodass wir auf die Auswahl in den einschlägigen Frankfurter Geschäften angewiesen waren. Und immer wieder zog es uns in den Palmengarten. Ich weiß nicht mehr, wie oft wir voller Bewunderung vor dessen Kakteensammlung standen. Eines Tages war der Reiz so groß, dass wir nicht widerstehen konnten und winzig kleine Ableger der ohnehin schon kleinen Kakteen stibitzten. Wir hatten dabei natürlich darauf geachtet, den Mutterkaktus nicht zu verletzten und auch sonst keinen Schaden anzurichten. Aber – wie sollte es auch anders sein – wir wurden prompt auf frischer Tat ertappt. Mit gesenktem Haupt standen wir da und haben uns fürchterlich gefürchtet und geschämt. Doch das erwartete Donnerwetter blieb aus. Günter Andersohn, der langjährige Leiter der Kakteenabteilung und Autor zahlreicher Kakteenbücher, schaute uns streng, aber freundlich an, klärte uns darüber auf, was passieren würde, wenn hier jeder zugreifen würde und meinte dann nur, dass wir doch hätten fragen können.

Wir waren natürlich viel zu durcheinander, um zu antworten und gehorchten brav, als er uns zu sich winkte und hinter die Kulissen der öffentlichen Gewächshäuser führte. Jetzt befürchteten wir natürlich doch, dass unsere Eltern angerufen, unsere Personalien aufgenommen oder wir gleich verhaftet würden. Nichts dergleichen, der freundliche Günter Andersohn führte uns in die Kakteen-Anzucht, und wir kamen aus dem Staunen nicht mehr heraus: Dicht an dicht standen hier die interessantesten Sorten in kleinen Töpfen und warteten darauf, in die Ausstellung zu kommen. Anstatt verhaftet zu werden, durften wir uns zwei Kakteen aussuchen. Ich entschied mich für eine besonders »stachelige« Mammilarie (Warzenkaktus), die außerdem noch schön behaart war. Zum Abschied mahnte uns der gutmütige Gärtner, bloß mit den Dornen aufzupassen, sie hätten Widerhaken.

Widerhaken verstand ich – aber Dornen? Rosen hätten doch Dornen und Kakteen Stacheln, das wisse doch jeder, erwiderte ich verwundert. Andersohn schmunzelte und meinte, dann wisse es eben jeder falsch, und erklärte uns den Unterschied: Dornen sind eine Rückbildung von Ästen und Blättern, die mit dem Holzkern verbunden sind, wie beispielsweise bei Kakteen. Kakteen, die allesamt aus Amerika stammen und an extrem sonnige, wasserarme Standorte angepasst sind, brauchen keine große Blattoberfläche für die Photosynthese. Sie können sich auf den täglichen intensiven Sonnenschein verlassen und die grüne Oberfläche reicht völlig aus. Der Wassermangel führt in diesen Gegenden allerdings dazu, dass Tiere versuchen, ihren Wasserbedarf über die Pflanzennahrung zu decken, und dagegen wehren sich die Kakteen mit ihren zu Dornen umgebildeten Blättern und Ästen.

Stacheln dagegen sind eine Ausstülpung der Epidermis, der oberen Hautschicht der Pflanzen, die sich leicht abbrechen lassen – eben wie bei der Rose. Auch sie dienen den Pflanzen zur Verteidigung gegen gefräßige Tiere, sind für den Botaniker aber etwas völlig anderes als Stacheln.

Rosenstacheln lassen sich tatsächlich sehr leicht abbrechen, was bei Rosensträußen, bei denen häufig das Wasser gewechselt werden muss, sehr praktisch ist. Wenn Sie das Glück haben, Ihren Rosenstrauß aus Blüten aus dem Garten zusammenstellen zu können, sollten Sie folgendermaßen vorgehen:

Schneiden Sie den Stängel schräg, etwa einen halben Zentimeter oberhalb eines Auges ab, wobei die Schere schräg nach unten angesetzt wird. Damit die

Rosen in der Vase möglichst lange frisch bleiben, verrate ich Ihnen einen Trick meiner Großmutter: Lauwarmes Wasser in die Vase geben und darin eine Aspirintablette auflösen, bevor man die frisch angeschnittene Rose oder Rosen hineinstellt.

Der Grund dafür, warum Kopfschmerztabletten das Welken hinauszögern, wurde mir erst im Studium klar:

Das Wachsen, Blühen, Welken etc. bei Pflanzen wird genauso von Botenstoffen und Hormonen gesteuert wie vergleichbare Prozesse bei Tieren und Menschen. Aspirin besteht aus dem Wirkstoff Acetylsalicylsäure. Ursprünglich wurde das Medikament aus der Weidenrinde gewonnen, Weidenrindentee ist ein uraltes Rezept gegen Kopfschmerzen. Während sich heute niemand darüber wundert, dass dieser Wirkstoff beim Menschen gegen Kopfschmerzen hilft, wundert es doch immer wieder viele, dass ich dasselbe Mittel für Pflanzen benutze, damit mich ihre wunderschönen Köpfchen länger erfreuen.

Welche Prozesse die Salicylsäure bei Schnittblumen auslöst, ist noch nicht genau untersucht. Wahrscheinlich ist, dass diese Substanz die Produktion von Blühhormonen in Gang setzt. Aber die Salicylsäure kann noch mehr: Das Blumenwasser bitte nicht in den Ausguss schütten, sondern ins Rosenbeet! Sie stärkt das Abwehrsystem der Pflanzen und macht sie dadurch resistenter gegen Schädlinge.

Als ich eine Sendung über Wein gedreht habe, wurde ich beim ökologischen Weinanbau wieder mit diesen alten Hausmitteln konfrontiert. Die Wissenschaftler untersuchten die Wirkungsweise der Acetylsalicylsäure als biologisches Schädlingsbekämpfungsmittel und empfahlen es auch für private Anwendungen. Aber sie hatten noch einen anderen Trick auf Lager, den ich bis dahin nicht kannte:

Backpulver! Backpulver in Wasser auflösen und auf die Pflanzen sprühen wirkt gegen Mehltau und einige weitere Schädlinge. Das Natron im Backpulver bringt die Zellen der Pilze zum Platzen. Mehltau ist eine Pilzkrank-

69

heit, die vor allem Rosen und andere Pflanzen befällt, wenn sie zu dicht stehen und nicht gut belüftet werden. Aber auch zu feuchtes Wetter oder starke Temperaturunterschiede zwischen Tag und Nacht fördern Mehltaubefall. Ganz wichtig ist auch Unkrautjäten. Erstens nehmen die unerwünschten Pflanzen den Rosen Nährstoffe weg, zweitens entsteht leichter Staunässe, wenn der Bewuchs zu dicht ist, und drittens übertragen Unkräuter auch Krankheiten.

Wenn die Rosen trotzdem mit Mehltau überzogen sind, rücken Sie ihm also zu Leibe, indem Sie Ihre Rosen mit Backpulver besprühen:

Ein Päckchen Backpulver in 1 l lauwarmem Wasser auflösen und auf die befallenen Stellen sprühen, öfters wiederholen, bis der Befall zurückgeht.

Am besten behandeln Sie Ihre Rosen gleichzeitig mit Aspirin und Backpulver, da ein Befall mit Mehltau die Pflanzen schwächt und sie sich gestärkt besser gegen den Pilzbefall wehren können. Im schlimmsten Fall leiden die Rosen gleichzeitig noch unter Blattläusen. Etwas mühsam, aber sehr spaßig für Kinder, ist die Vernichtung der Schädlinge mit Hilfe von Marienkäfern und Marienkäferlarven. Dazu benötigen Sie ein sauberes Marmeladenglas, in dessen Deckel Luftlöcher gebohrt werden, und schon kann die Jagd nach Marienkäfern und vor allem Marienkäferlarven losgehen. Jedes Kind weiß, dass aus einer Raupe ein Schmetterling wird. Aber wie die Käfer in dieser Phase ihres Lebens aussehen, gehört heutzutage kaum zum Allgemeinwissen und wird auch im Biologie-Unterricht recht stiefmütterlich behandelt. Wenn Sie Internetanschluss haben, können Sie sich die Käfer und die Larven sehr genau bei Google-Bildersuche ansehen.

Ich habe als Kind mit Faszination beobachtet, wie diese etwas unansehnlichen Larven auf Beutezug gehen: Bis zu 400 Blattläuse frisst so eine einzelne Larve, bis sie sich verpuppt und zum schönen Käfer wird. Es macht großen Spaß, gemeinsam mit den Kindern durch die Natur zu streifen und die Käferlarven einzusammeln. Zu Hause werden sie auf die Rosen gesetzt und die Kinder können gleich das Räuber-Beute-Spiel der Natur beobachten.

Wer keine Kinder hat, selbst nicht so gerne auf Larvenjagd geht oder trotz

Larven nicht Herr der Läuse wird, muss zu anderen Mitteln greifen. Vor allem nach so milden Wintern wie die von 2006 und 2007 vermehren sich die Biester explosionsartig.

Dagegen hilft folgende Spritzlösung: Reine Kernseifenlösung auf die Angreifer sprühen. Dafür etwa 20 g Kernseife in einem Liter Wasser auflösen, eine halbe Tasse Öl zugeben, gut schütteln und auf die befallenen Stellen sprühen. Die Läuse können sich nicht mehr an den Pflanzen halten. Die Wirkung hält allerdings nicht lange an. Die Prozedur muss häufig wiederholt werden, bis eine deutliche Besserung eingetreten ist. Auch einige Pflanzenextrakte helfen beim Kampf gegen die Läuse. Brennnesseln, Ackerschachtelhalm oder Rainfarn vertreiben die unerwünschten Insekten. Kaufen Sie diese Kräuter entweder in der Apotheke oder sammeln Sie die Wildkräuter selbst. Übergießen Sie die Kräuter wie für einen Tee mit kochendem Wasser und lassen Sie das Ganze mindestens einen Tag ziehen. Den erkalteten Sud absiehen und auf die befallenen Pflanzen sprühen.

Während der Brennnessel-Sud vor allem Blattläuse vertreibt, haben andere Kräuterauszüge noch zusätzliche Wirkungen, die Aspirin und Backpulver unterstützen. Die heilende und blutstillende Wirkung von Ackerschachtelhalm wurde bereits in der Antike geschätzt, sie stärkt auch die Rosen und vertreibt ebenfalls den Mehltau. Der positive Effekt ist wahrscheinlich auf die hohe Konzentration von Kieselsäure im Ackerschachtelhalm zurückzuführen. Beim Rainfarn, der alles andere als ein Farn ist und zu den Korbblütlern gehört, sind es die Duftstoffe, die ätherischen Öle, die die Schädlinge vertreiben. Bienen mögen den Geruch allerdings nicht. Imker stopfen sich gerne eine Pfeife mit Rainfarn, die sie beim Honigernten rauchen. Das bedeutet, als Räucherwerk zur Vertreibung von unliebsamen Insekten lässt sich Rainfarn ebenfalls einsetzen.

Ein hervorragender Dünger ist Brennnesseljauche. Aber Vorsicht: Sie stinkt bestialisch. Wenn Sie sich selbst und Ihrem Gartennachbarn den Gestank zumuten wollen, können Sie eine solche Jauche ganz einfach ansetzen. Am besten nehmen Sie einen Plastikeimer oder ein anderes großes Plastikgefäß, füllen es drei viertel voll mit Brennnesseln und geben Wasser bis knapp an den Rand dazu. Ab und zu umrühren. Nach ca. 14 Tagen ist (je nach Witterung) der Gärungsprozess abgeschlossen. Dabei werden jede Menge zuvor in der Pflanze gebundener Nährstoffe freigesetzt und dienen als Dünger fürs Rosenbeet. Vor der Anwendung verdünnen Sie die Jauche im Verhältnis 1:50 mit Wasser und gießen den Sud auf Ihr Rosenbeet. Sehr wirkungsvoll, aber wie gesagt, auch sehr geruchsintensiv.

Nachdem wir nun unsere Rosen aufs Beste gehegt und gepflegt haben, möchte ich zur Ausgangsfrage zurückkehren: Warum und seit wann hat die Rose Stacheln und keine Dornen? Schließlich gilt sie seit altersher als Symbol der Liebe und ihr Dorn als Symbol des Leids. Sind mit diesem Symbol jetzt die botanisch korrekt bezeichneten Dornen von Kakteen gemeint? Sicher nicht. Der Volksmund spricht nach wie vor von stacheligen Kakteen und dornigen Rosen. Eine Rose mit Stacheln ist schon schwer vorstellbar – aber Christus mit dem Stachelkranz überhaupt nicht. Und mein geliebtes Dornröschen wäre als Stachelröschen doch eine Persiflage seiner selbst. Oder Redewendungen wie »Keine Rose ohne Dornen« in botanischer Korrektheit wiederzugeben – undenkbar.

Jetzt sind die Sprachforscher und nicht die Botaniker gefragt. Vor 2000 Jahren waren Kakteen unbekannt, Amerika war noch nicht entdeckt und kein Mensch unterschied bei einer pieksigen Blume zwischen Stacheln und Dornen. In vielen Sprachen gibt es diesen Unterschied bis heute nicht.

Bei unserem begnadeten Dichter, Denker und Botaniker Johann Wolfgang von Goethe hatten die Rosen jedenfalls auch noch Dornen. Oder hat der Dichterfürst, der als Wissenschaftler nie so recht Anerkennung fand, der Nachwelt gar selbst das Ei mit den Stacheln und Dornen ins Nest gelegt?

Sein botanisches Hauptwerk brachte Goethe im Jahr 1790 heraus: *Versuch die Metamorphose der Pflanzen zu erklären,* eine Schrift über seine langwierigen, gründlichen Forschungen auf der Grundlage des Wissensstandes seiner Zeit. Keine Darstellung für Laien und erst recht keine für Goethefans, die die Dichtkunst des vielseitig begabten Künstlers liebten.

In seinem Werk beschreibt Goethe für botanisch vorgebildete Leser akribisch die Veränderung (die Metamorphose) der verschiedenen Pflanzenteile, vor allem der Blätter: »Mir war aufgegangen, dass in demjenigen Organ der Pflanzen, welches wir Blatt nennen, der wahre Proteus [wandlungsfähiger griechischer Meeresgott] verborgen liege, der sich in allen Gestaltungen verstecken und offenbaren könne.«

Goethe beobachtete die Wandlungen bei unterschiedlichen Blütenpflanzen und betrachtete vor allem die verschiedenen Blattformen. Er beschrieb sie vom Keimblatt bis zum Staubblatt und führte alles auf den Ursprung eines Blattes zurück – eben auch die Dornen/Stacheln. Seiner Theorie zufolge hatten alle Pflanzenorgane dieselben Vorraussetzungen, wurden aber von verschiedenen »Säften« beeinflusst. Ein logisches Erklärungsmodell für die damalige Zeit, in der die Genetik noch völlig unbekannt und die Säftelehre ein geltendes Erklärungsmodell war. Den Begriff »Metamorphose« verwendete Goethe nicht als unmittelbarer Beobachter einer Veränderung, die auch wieder rückgängig gemacht werden kann, sondern beruhend auf der Beobachtung der Entwicklung. Goethe erkannte, dass in den Wachstumsbereichen der Pflanzen zunächst nicht zu unterscheiden ist, was daraus wird. Erst beim differenzierten Wachstum konnte der forschende Dichter verschiedene Bereiche erkennen und beobachten, wie sich Stängel, Blüten und Dornen aus den angelegten Blattknospen bilden.

Diese Goethe'sche Beobachtung hat in großen Teilen auch heute noch Gültigkeit. So wie der Botaniker unserer Zeit noch von Staubblättern spricht, so sind die Dornen zurückgebildete Blätter/Äste. Und jetzt wird es schwierig: Unser Dichterfürst leistete tatsächlich wissenschaftliche Pionierarbeit, was die pflanzliche Morphologie, die Gestaltlehre betrifft – aber in seinen Gedichten haben die Rosen immer noch Dornen. Bei ihm gibt es auch botanisch gesehen noch keinen Unterschied zwischen Dornen und Stacheln. Goethe gilt als Urvater der Vergleichenden Morphologie, der Gestaltlehre. Er hat höchstpersönlich den Begriff geprägt, der bis heute von höchster wissenschaftlicher Bedeutung ist. Mit seinem Freund und Kollegen Friedrich Schiller korrespondierte er philosophierend über die Morphologie der Pflanzen. Erst ein

*Johann Wolfgang von Goethe war ein großer Rosenfan,
was sich sowohl in seinem Garten und seinen Gedichten
als auch in seinen botanischen Studien niederschlägt.*

paar Jahre danach, im Jahre 1800, tauchte der Begriff »Morphologie« erstmals gedruckt in einer Schrift des Leipziger Mediziners Karl Friedrich Burdach auf, er bezog die »Morphologie« auf den menschlichen Körper. Wenig später veröffentlichte Goethe Schriften zur Morphologie der Pflanzen und hielt Vorträge über die Morphologie und die Metamorphose der Pflanzen. Und Goethe wäre nicht Goethe gewesen, wenn er sich dem Thema nicht auch poetisch genähert hätte.

»Die Metamorphose der Pflanzen« lautet auch eines seiner vielen Gedichte, das nicht nur die Botanik thematisiert, sondern vor allem die Liebe. Er benutzt die Veränderung, die Metamorphose, um sie philosophisch mit der Veränderung der Gefühle zu vergleichen. Goethe gelingt es, mit dieser Liebeserklärung sehr viel von seinen botanischen Beobachtungen treffend auszudrücken.

Dich verwirret, Geliebte, die tausendfältige Mischung
Dieses Blumengewühls über dem Garten umher;
Viele Namen hörst Du an, und immer verdränget
Mit barbarischem Klang einer den andern im Ohr.
Alle Gestalten sind ähnlich, und keine gleichet der andern;
Und so deutet das Chor auf ein geheimes Gesetz,
Auf ein heiliges Rätsel! O könnt' ich Dir, liebliche Freundin,
Überliefern sogleich glücklich das lösende Wort!
Werdend betrachte sie nun, wie nach und nach sich die Pflanze,
Stufenweise geführt, bildet zu Blüten und Frucht.
(...)
Gleicher Ansicht der Dinge, damit in harmonischem Anschaun
Sich verbinde das Paar, finde die höhere Welt.

Er hat sich mit allem beschäftigt, was die Gestalt der Pflanzenkörper betrifft, von der Wurzel bis zum Griffel, vom Keimling bis zur Frucht, von der »Vertikaltendenz« zur »Spiraltendenz« und entwickelte sogar eine eigene Theorie zur »Spiraltendenz« der Pflanzen, die er in den Ranken der Weinreben verwirklicht fand. Sein Freund, der Botaniker Martius, entwarf eigens für Goethe ein Modell zur Spiraltendenz der Pflanzen, die die erstaunliche wissenschaftliche Leistung belegt, die Goethe erbrachte.

Wollten die späteren Wissenschaftler, die definierten, dass Rosen Stacheln haben und keine Dornen, gar Goethes botanische Studien ehren?

In seinen Gedichten und Schriften sind es eindeutig die Dornen, die die Rose trägt. Wie würde denn auch ein Gedicht mit einer stacheligen Rose klingen? Was reimt sich denn auf Stacheln? Kacheln? Das wäre allenfalls etwas für die Comedian Harmonists. Zu Goethes Zeiten hatte die Rose noch diskussionsfrei Dornen!

Angenommen, der Geheimrat kam im Zuge der Betrachtungen über die Gestaltlehre der Pflanzen auf die Idee, dass Dornen eine Rückbildung von Blättern sind. Vielleicht definierte er es sogar so. Goethe konnte mit den damaligen Methoden wahrscheinlich gar nicht feststellen, dass sich bei der Rose die Stacheln nicht aus Ästen oder Blättern rückbilden, sondern quasi aus dem Stängel hervorgehen.

Diese Besonderheit haben wahrscheinlich nachfolgende Botaniker herausgefunden, die dann so schlau waren, Goethes Definition von Dornen als wissenschaftliche Definition zu benutzen: Dornen sind umgebildete Blätter oder Sprosse. Für die spitzen Ausstülpungen aus den Stängeln entschied man sich wohl für die Bezeichnung »Stacheln«, denn »Dornen« war ja bereits vergeben.

Und fortan hatte die Rose Stacheln!

Deshalb hier mein Appell an die geschätzten Botanikerkolleginnen und -kollegen: Gibt es denn keine Möglichkeit – eingedenk unseres großen Dichters und Botanikers – die ganze Definition einfach umzudrehen? Dann hätten Rosen wieder Dornen und Kakteen wieder Stacheln und die Welt wäre wieder in Ordnung. Goethe ist und bleibt für die Welt schließlich mehr Dichter als Botaniker und in dieser Welt haben die Rosen nun mal Dornen. Daran ändert kein Wissenschaftler etwas!

Damit wäre Millionen von Menschen gedient, die sowieso nie wussten, dass Rosen Stacheln haben, und es eigentlich auch gar nicht wissen wollen. Aber die würden sich dann wenigstens auch botanisch korrekt ausdrücken. Und nicht zu vergessen: Unsere großartigen Dichter und Denker wären dann in ihren Werken auch »botanically correct«.

7

Die Rose und die Liebe

Was wäre die Liebe ohne die Rose? Kein romantisches Rendezvouz ohne rote Rosen, keine Hochzeit ohne Rosen. Selbst im Internet wird beim Chatten die Rose als Symbol der Liebe benutzt. Hardrockbands lassen die Rose als Liebesbotin sprechen und aus Geschichten, Romanen und Gedichten, die von der Liebe handeln, ist die Rose nicht wegzudenken.

Und irgendwann kommt der Tag, an dem man als junge Frau die erste Rose von einem Verehrer geschenkt bekommt. Meist eine einzelne, langstielige Baccara-Rose, die überhaupt nicht duftet – aber wie keine andere Rosensorte das Symbol der Liebe ist und gerne in romantischen Augenblicken überreicht wird. Ein Jahrtausende altes Ritual mit eindeutiger Botschaft: Rote Rosen stehen für Leidenschaft und weiße Rosen für die reine unschuldige platonische Liebe.

Es dauerte viele Rosensträuße, bis ich anfing, die Symbolsprache der Blumen zu hinterfragen. Meine Recherchen führten mich unweigerlich zu den alten Griechen, zur Liebesgöttin Aphrodite. In der griechischen Mythologie ist Aphrodite sowohl für die Symbolik der weißen als auch der roten Rosen zuständig. Unschuldig und rein ist sie dem Meer entstiegen. Aus den weißen Schaumkronen der Wellen um sie herum wurden weiße Rosen, das Symbol der reinen Liebe und Treue.

Doch so treu war die schöne Göttin nicht. Der Sage nach war sie mit Hephaistos, dem Gott des Feuers, verheiratet, den sie aber ständig mit sterblichen und unsterblichen Männern betrog. Ihre notorische Leidenschaft zum Kriegsgott Ares und zum Schönling Adonis kostete Letzteren das Leben. Ares, der als Gott verschiedene Gestalten annehmen konnte, verwandelte sich in einen wildgewordenen Eber und tötete seinen Rivalen.

Aphrodite, zutiefst betrübt über den dahinscheidenden Liebhaber, eilte in den Wald. Auf dem Weg trat sie mit ihren nackten Füßen in Rosen, die Dornen (ich habe keine Version des Mythos gelesen, bei der von Stacheln die Rede ist, deshalb vergessen wir an dieser Stelle die »botanical correctness«) bohrten sich in ihr Fleisch. Ihr Blut färbte die weißen Rosen rot und aus den Tränen des sterbenden Jünglings erwuchsen kleine rote Blumen – das »Sommer-Adonisröschen«.

Die Sage von Aphrodite und Adonis wird in unterschiedlichen Varianten erzählt, aber es geht immer um Liebe, Betrug, Eifersucht und Leidenschaft – und die rote Rose. Sie wurde dadurch bereits in der Blütezeit der klassischen Kulturepoche zum Symbol der leidenschaftlichen Liebe. Wobei die Herren der Schöpfung ihre Angebetete mit der Übergabe von roten Rosen sicher nicht zu einem Seitensprung auffordern wollen, sondern den Lohn der Leidenschaft selbst genießen möchten.

Also keine Angst, meine Herren, die Pfade der Rose sind verschlungen und bis heute ist sie viele Wege gegangen. Schon Eva soll eine Rose aus dem Paradies mitgenommen haben und das wollüstige Image der Rosen war bereits im frühen Christentum verpönt. Die Dornen standen für das Leiden Christi und die Blüten werden oft mit den Flammen des Dornenbuschs, der Moses die zehn Gebote geschenkt hat, gleichgesetzt. Doch die Rose als Symbol der Leidenschaft aus den Köpfen der Menschen zu vertreiben war unmöglich. Freudenhäuser trugen schon in der Antike die Rose als Symbol. Gleichzeitig war sie im alten Rom das Symbol der Reichen und Schönen. Liebe, Leidenschaft und Eifersucht, auf Rosen gebettet und von Dornen verletzt: seit Jahrtausenden ein immer wiederkehrender Mythos, in verschiedenen Epochen mit unterschiedlichen Epen erzählt.

Mit der Zeit veränderte sich auch im Christentum die Symbolik.

Statt gegen das Symbol der Wollust und leidenschaftlichen Liebe weiter anzukämpfen, hat die Kirche im frühen Mittelalter die Rose für ihre Zwecke eingesetzt. Wenn sie als Liebessymbol aus den Köpfen der Menschen schon nicht rauszubekommen war, sollte ihre Symbolsprache doch wenigstens ein wenig umgedeutet werden – zumindest was die fleischliche Lust betraf:

Der Überlieferung nach weinte Maria Magdalena um Jesus am Kreuz und ihre Tränen tropften auf eine rote Rose. Sie wuschen die Farbe des Blutes aus der Rose und die Blüte wurde weiß. Und so wurde auch im Christentum die weiße Rose zum Synonym der Treue und wahren Liebe. Später »eroberten« auch die Christen die rote Rose und erschufen noch einen ganz anderen Mythos, der die christliche Beziehung zur Rose nachhaltig veränderte: In der kirchlichen Symbolik gilt die Gottesmutter Maria bis heute als »Rose ohne Dornen«, und die Rose selbst als Symbol »der sich ewig neu entfaltenden Welt«. Da die weiße Rose – trotz Maria Magdalenas Tränenmythos – die rote Rose nicht ersetzen konnte, musste die rote Rose »reingewaschen« werden. Im 13. Jahrhundert veränderte eine neue Sage die Symbolik der roten Rosen im Christentum. Es ist das Jahrhundert der heiligen Elisabeth, die mit dem »Rosenwunder« in die Kirchengeschichte einging.

2007 war das Jahr der heiligen Elisabeth, das Jahr des Rosenwunders. 800 Jahre zuvor wurde Elisabeth als Tochter des ungarischen Königs Andreas II. geboren. Als Kind wurde sie mit dem Landgrafen Ludwig IV. verlobt und nach Thüringen gebracht, wo sie im Alter von 14 Jahren mit ihm verheiratet wurde.

Es ist überliefert, dass Elisabeth von Thüringen eine sozial sehr engagierte Frau war. Sie versorgte die Armen mit Brot, das sie gegen den Willen ihrer reichen Verwandtschaft in einem Korb aus dem Schloss schmuggelte. Eines Tages wurde sie dabei von ihrem Mann, von seiner Mutter und dem Pater beobachtet. Sie hielten sie an und fragten nach dem Inhalt ihres zugedeckten Korbes. In ihrer Not erzählte sie, dass es Rosen seien, die sich darin befänden. Als sie ihn öffnete, lagen wirklich rote Rosen darin.

Der Erzählung nach waren es die roten Rosen, die die fromme Frau gerettet hatten. Ihr Mann jedenfalls sah darin eine Fügung Gottes und ließ sie in Zukunft gewähren.

1227 starb Ludwig IV. auf der Kreuzfahrt ins Heilige Land in Otranto. Ihr Schwager Heinrich Raspe verdrängte Elisabeth und wies ihr Marburg als Witwensitz an. Zwei Jahre nach dem Tod ihres Ehemannes gründete sie in ihrer neuen Heimat das Franziskanerhospital und widmete sich fortan in einer Gemeinschaft gleichgesinnter Frauen der Armen- und Krankenpflege.

Von Askese und Aufopferung erschöpft, starb sie am 17. November 1231 mit nur 24 Jahren in Marburg.

Ergebene Anhängerinnnen von Elisabeth, sowohl Dienerinnen als auch Bürgerinnen und Adlige, bezeugten ihre guten Taten und gaben diese an Rom weiter. Daraufhin wurde Elisabeth bereits 1235, nur vier Jahre nach ihrem Tod, vom Papst heilig gesprochen. Ihr Grab in der vom Deutschen Orden erbauten Elisabethkirche zog bis zur Reformation zahllose Wallfahrer an, Kranken sollen dort Wunderheilungen zuteil geworden sein. Ihr wurde das Kirchenlied *Das Brot, das wir teilen* gewidmet. In ganz Deutschland fanden zur 800-Jahr-Feier zahlreiche Veranstaltungen unter dem Motto »Brot und Rosen« zu Ehren der heiligen Elisabeth statt.

Elisabeth von Thüringen war mit Sicherheit eine außergewöhnliche Frau, die wundervolle Taten vollbrachte, doch Brot in Rosen hat sie sicher nicht verwandelt. Hat sie den Kranken Rosen als Heilmittel gebracht oder wurden ihr die Rosen erst später zugeordnet?

Die roten Rosen von der Sünde reinzuwaschen, das kann niemand besser als eine aufopferungsvolle Frau, die in reiner Liebe den Armen Brot schenkt und die Kranken versorgt. Eine Heilige, ein selbstloser Mensch, wie wir ihm heute kaum mehr begegnen. Dieser heilig gesprochenen Frau rote Rosen zuzuordnen gibt der »Königin der Blumen« eine neue Wende.

Ein paar Jahre vor Elisabeths Geburt, einige hundert Kilometer weiter westlich, genauer in Biberach an der Riß, wird eine andere Prinzessin aus dem Südosten 14-jährig in die Ehe gezwungen: Irene von Byzanz, oströmische Kaisertochter. Auch sie war eine bewunderte Frau des hohen Mittelalters: 1180 in Byzanz geboren, starb sie ebenso jung wie Elisabeth, nur 28 Lebensjahre waren der »Rose ohne Dorn« vergönnt.

Trotz ihres kurzen Lebens war ihr ein wechselvolles Schicksal beschieden. Aus Gründen der Staatsräson mit dem sizilianischen Normannenkönig Roger verheiratet, wurde sie nur wenige Monate später zur Geisel der staufischen Eroberer dieses Reiches. Gefangen auf der Burg Schweinhausen bei Biberach/Riß, lernte sie Herzog Philipp von Schwaben kennen und lieben, den jüngsten Sohn des legendären Kaisers Friedrich Barbarossa. Zusammen mit Philipp hat man sie zur deutschen Königin gekrönt, vom Minnesänger Walther von der Vogelweide hochgepriesen als die anmutigste aller deutschen Königinnen: als die »Rose ohne Dorn«.

Der Ausbruch eines zehnjährigen Bürgerkriegs zwischen Staufern und Welfen ließ dieses Königspaar kaum zur Ruhe kommen. Und als im Reich end-

Ez gienc, eins tages als unser herre wart geboren
Von einer maget diet im ze muoter hat erkorn,
ze Megdeburc der künec Philippes schöne.
Da gienc eins keisers bruoder und eins keisers kint
In einer wat, swie doch die namen drige sint:
Er truoc des riches zepter und die kröne,
Er trat vil lise, im was niht goch:
Im sgleich ein höhgeborniu küneginne nach,
rôs ane dorn, ein tube sunder gallen.
Diu zuht was niener anderswa;
Die Düringe und die Sahsen dienten also da,
daz ez den wisen muoste wol gevallen.

Der Minnesänger Walther von der Vogelweide pries mit diesem Lied Irene von Byzanz, die spätere Königin von Schwaben, als DIE ROSE OHNE DORN.

lich der so lange ersehnte Frieden eingekehrt war, wurde König Philipp in Bamberg heimtückisch ermordet. Die hochschwangere Königin Irene floh auf den Hohenstaufen, wo sie zwei Monate später bei der Geburt ihres Kindes starb. Zusammen mit ihrem Kind wurde Irene im Kloster Lorch, der Grablege der legendären Staufer, bestattet.

Ebenso wie Elisabeth hatte Irene in ihrem kurzen Leben die Liebe kennengelernt, sie hatte einen Mann gefunden, der sie aus tiefem Herzen liebte. Der Minnesänger Walter von der Vogelweide benutzt in seinem Gedicht für die Beschreibung dieser Liebe das Symbol der Liebe, die Rose – aber »politically correct« die Rose ohne Dorn, die als weiße Rose ohne Dorn Maria, der Mutter Gottes, zugeordnet wurde, deren Name Irene nach ihrer Heirat mit Philipp von Schwaben annahm.

Die Herrscher des Westens brachten von ihren Kreuzzügen »im Namen des Herrn« Rosen und Frauen mit – und zwar rosarote Rosen. Dadurch wurden die Rosen in dieser Zeit zum Symbol für Reichtum und Macht. Nur wer Macht und Geld hatte und erfolgreich bei seinen Kreuzzügen war, konnte sich die edlen Duftrosen aus dem Orient leisten. Die Rosen wurden für den Adel wieder salonfähig. Das brachte wiederum die Kirche in Bedrängnis, denn die Rose wurde zu mächtig.

Zur »Reinwaschung« der »befleckten« Rosen gab es für die Kirche kein besseres Vehikel als eine Heilige. Rote Rosen stehen seit dem mittelalterlichen Rosenwunder nicht mehr nur für Leidenschaft und Wollust, sondern auch für Güte und Aufopferung.

Irene und Elisabeth lebten im Zeitalter der Kreuzritter, ihre Ehemänner waren Kreuzfahrer. Sie brachten aus dem Heiligen Land nicht nur die hundertblättrige Rose mit, sondern auch die Techniken, wie man dieser *Rosa centifolia* ihren wunderbaren Duft entlocken kann. Die Technik der Destillation, der Rosenölherstellung, wurde im Abendland bekannt und populär.

Rosige Zeiten hatten begonnen. Neue duftende Varianten aus dem Orient waren zu bestaunen. Neben der *Rosa centifolia* waren die *Rosa damascena*, die Damaszenerrose, und eine gefüllte Variante der *Rosa gallica*, der Apothekerrose, die wichtigsten Duftlieferanten. Noch heute ist die Damaszenerrose der bedeutendste Rosenöllieferant.

Im Heiligen Land hatten die Kreuzfahrer auch die Sitte kennen und lieben gelernt, Bäder mit Rosenessenzen zu verfeinern und mit Blütenblättern zu bestreuen. Die Rose war inzwischen aus der Kirche nicht mehr wegzudenken, vor allem aber: Die Rose hatte ihr Ansehen zurück.

Vielleicht hatte Elisabeth tatsächlich Rosen auf der Wartburg. Karl der Große ordnete das Anpflanzen der *Rosa gallica* bereits im 8. Jahrhundert an. Im Jahr 794 verpflichtete der Herrscher alle Landgüter zum Anbau der Apothekerrose als Heilpflanze, neben zahlreichen anderen Heilpflanzen.

Ein Korb voller Rosen soll die heilige Elisabeth gerettet haben.

Im 11. Jahrhundert empfahl Hildegard von Bingen:
»Und wer jähzornig ist, der nehme die Rose
und weniger Salbei und zerreibe es zu Pulver.
Und in jener Stunde, wenn ihm der Zorn aufsteigt,
halte es an seine Nase.
Denn der Salbei tröstet, die Rose erfreut.«

Zu Irenes und Elisabeths Lebzeiten war die Rose als Arzneipflanze also durchaus etabliert. Möglicherweise hatte Elisabeth sogar Apothekerrosen und andere Heilkräuter in ihrem Korb. Im Kloster Lorch, wo Irene beigesetzt wurde, baute man definitiv Rosen als Arzneipflanzen an. Dass Elisabeth als Landgräfin mit einem Korb voller Rosen angetroffen wurde, ist dennoch ungewöhnlich, denn seit den Tagen der Griechen und Römer war das öffentliche Präsentieren von roten Rosen alles andere als schicklich für eine adlige Dame, galten sie doch als Symbol erotischer Versprechungen. Prostituierte hatten zum Beispiel den Beinamen »Rosengäßlerin« und Freudenhäuser hießen »Zur großen Rose«. Auch ist es unwahrscheinlich, dass Elisabeth Rosen als Heilmittel für Kranke im Korb trug, die Blüten hätten zu diesem Zweck erst aufbereitet werden müssen.

Elisabeth posthum Rosen, deren Nutzen und Schönheit sich keiner entziehen konnte, zuzuordnen, ist wahrscheinlicher – und ein Mittel, die Rose auf den Pfad der Tugend zurückzuführen. Seither sind es nicht mehr nur die weißen Rosen, die die wahre Liebe symbolisieren, sondern auch die roten. Und auch die Mutter Gottes konnte jetzt den roten Rosen näherrücken – sehr zur Freude der Künstler. »Maria im Rosenhag« war eines der beliebtesten Motive der Maler im Mittelalter. Die berühmteste Darstellung von Maria, umgeben von roten Rosen, stammt von Stefan Lochner aus dem Jahr 1458.

Auf fast allen Darstellungen des späten Mittelalters wird die Mutter Gottes mit Rosen assoziiert, meist roten, manchmal auch weißen dornlosen Rosen – so, wie es die frühe Symbolik eben erlaubte.

Noch bevor Maler die Rose für sich entdeckten, nahmen sich Bildhauer dieser Blume an. In fast allen Kirchen des frühen Mittelalters zieren Rosen

*Im Mittelalter entdeckte der Klerus die Rose als Symbol für die
Jungfrau Maria, was sich auch in der Kunst widerspiegelt. Berühmt vor allem
die Darstellung der MUTTERGOTTES IN DER ROSENLAUBE.*

Säulen, Decken oder Eingänge. Die Rose als Motiv in der Kunst hat sich bis heute gehalten und in allen Epochen eine Rolle gespielt.

Die Rose blühte in allen Künsten regelrecht auf, meist mit einer »blumigen« Liebesbotschaft. Dieser Trend wird in keinem Text des Hochmittelalters so deutlich wie in der *Carmina Burana*:

> Sei gegrüßt, du schöne Frau
> Edelstein und Perle,
> Stolz der Jungfrau, sei gegrüßt,
> Herrlichste der Jungfraun.
> Sei gegrüßt, du Licht der Welt,
> Weltenrose sei gegrüßt,
> Blancheflor und Helena,
> Du, oh hehre Venus.
>
> O du heller Morgenstern,
> Herrschst hier im Irdischen,
> Herrschst dort im Himmel.
> Die im Grün du Veilchen gibst,
> Rosen auch auf Dornen,
> Dein sei Preis und Herrlichkeit
> Du der Menschen Heilung.

Kaum hatte Rom die dornige rote Rose freigegeben, stürzten sich nicht nur Künstler darauf, sie in ihre Werke einzuarbeiten, auch in der Mode begann ein neuer Trend. Bei den Damen des 13. Jahrhunderts wird es Mode, Rosenkronen zu tragen. Trotzdem hielt sich die Rose hartnäckig als Symbol der Verführung, der Erotik.

Auch heute ist die Rose noch ein beliebtes Motiv in der Kunst.
Rosendarstellung von Fay Grambart.

In Frankfurt mussten zu Goethes Zeiten Prostituierte sogar eine Rose tragen. In zahlreichen Werken hat er seine Lieblingsblume eingearbeitet, stets mit der Symbolik spielend. Und manches Gedicht hat er nur ihr – der Königin der Blumen –, dem unwiderruflichen Symbol der Liebe gewidmet:

Nun weiß man erst was Rosenknospe sei,
Jetzt, da die Rosenzeit vorbei;
Ein Spätling noch am Stocke glänzt
Und ganz allein die Blumenwelt ergänzt.

Als Allerschönste bist Du anerkannt,
bist Königin des Blumenreichs genannt;
Unwidersprechlich allgemeines Zeugnis,
Streitsucht verbannend, wundersam Ereignis!
Du bist es also, bist kein bloßer Schein,
In Dir trifft Schaun und Glauben überein;
Doch Forschung strebt und ringt, ermüdend nie,
Nach dem Gesetz, dem Grund Warum und Wie.

Goethe, der Gärtner, der Forscher, der Dichter – und der Liebhaber. Über die Rose drückt er alles aus.

Ihm ist sicher nicht entgangen, dass die Prostituierten in Frankfurt eine Rose trugen. In seinen Werken benutzt er teilweise die erotisch-lüsterne Symbolik der Rose und – wie in diesem Gedicht – die Symbolik der reinen Liebe, das Attribut des Göttlichen. Goethe ist aber auch bekannt dafür, dass er das berühmte Dreieck lebte, indem die Rose nicht fehlen darf. Für ihn war die Rose das »lüderlichste« und gleichzeitig vollkommenste Blumenwesen. Eine ziemlich treffliche Beschreibung, wenn man die Historie betrachtet. Rosen begleiteten Goethe sein Leben lang, von seiner Kindheit in Frankfurt bis zu seinem Tod in Weimar war er stets von Rosen umgeben. Sein Gartenhaus am Stern war eingehüllt in eine dichte Rosenhecke. Bei seinen botanischen Studien widmete er sich unter anderem akribisch der »durchgewachsenen Rose«, einer Mutation, bei der der Stiel durch die

Blüte wächst. Diese Sonderform nutzte Goethe für seine Forschungen über die Morphologie der Pflanzen und sie stützte seine Theorie, dass »alles Blatt ist«.

Aber vor allem waren Rosen ein beliebtes Objekt seiner Dichtung, Sinnbild der Liebe, des Eros, aber auch der reinen Liebe, die über das Böse siegt. *Faust II* endet mit einem Rosen streuenden Engel, den »Balsam versendenden Rosen« müssen Mephistos dienstbare Höllengeister weichen.

In seinem Gedicht »Heidenröslein«, das auf einer alten Volksweise wahrscheinlich aus dem 16. Jahrhundert beruht, erfüllt die Rose einen ganz anderen Zweck:

Sah ein Knab' ein Röslein stehn,
Röslein auf der Heiden,
war so jung und morgenschön,
lief er schnell, es nah zu sehn,
sah's mit vielen Freuden.
Röslein, Röslein, Röslein rot,
Röslein auf der Heiden.

Knabe sprach: »Ich breche dich,
Röslein auf der Heiden!«
Röslein sprach: »Ich steche dich,
dass du ewig denkst an mich,
und ich will's nicht leiden.«
Röslein, Röslein, Röslein rot,
Röslein auf der Heiden.

Und der wilde Knabe brach
's Röslein auf der Heiden:
Röslein wehrte sich und stach,
half ihm doch kein Weh und Ach,
musst' es eben leiden.
Röslein, Röslein, Röslein rot,
Röslein auf der Heiden.

Dieses bekannte Gedicht, das auch heute noch von den meisten Kindern in der Schule gelernt werden muss, beschreibt schlicht und ergreifend eine Vergewaltigung. Es wurde von Franz Schubert vertont und ist eines der berühmtesten Werke des Komponisten. Das »Heidenröslein« gehört zu den Klassikern im Musikunterricht, vor allem in Grundschulen. Das Lied wird gelernt und der Inhalt nicht hinterfragt. Während vor allem Goethes *Leiden des jungen Werthers* im Deutschunterricht auch heute noch bis ins letzte Detail analysiert wird, bleibt das »Heidenröslein« unkommentiert.

Goethe würde sich wahrscheinlich im Grab umdrehen, wenn er wüsste, dass in zahlreichen Ländern dieser Erde sein »Heideröslein« von Kindern gelernt werden muss. Er, der Dichter und Denker, der in Metaphern sprach und stets bemüht war, respektvoll mit dem weiblichen Geschlecht umzugehen.

Neben der Symbolik, den Mythen und Legenden ist es wohl auch die tatsächliche aphrodisierende Wirkung, die die Rose zur Blume der Liebe werden ließ. Der Begriff Aphrodisiakum geht auf die Liebesgöttin Aphrodite zurück. Im Mittelalter wurden Heiltränke vor allem aus Wein und Kräutern hergestellt. Ein Liebestrank bestand beispielsweise aus in Wein eingelegten Rosenblättern.

Wenn Sie selbst einen solchen Wein einmal probieren möchten:

Frühmorgens geerntete Blütenblätter einer gefüllten Apothekerrose oder einer anderen Duftrose in Wein (ich empfehle trockenen oder halbtrockenen

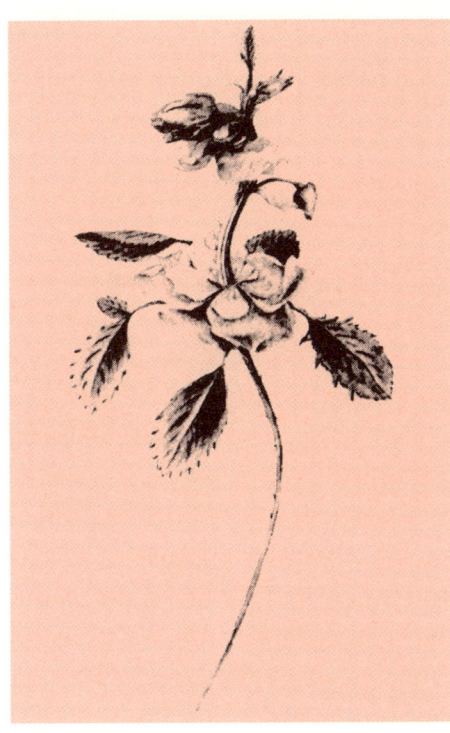

Die »durchgewachsene Rose«
hatte es Goethe als Studienobjekt
besonders angetan.

Riesling) einlegen und mindestens eine Woche ziehen lassen. Für einen Liter Wein mindestens drei Blüten dieser Rose verwenden.

Der Wein soll die Liebeskraft der Rose verstärken, mit dieser Symbolik wird auch bei der tragischen Liebesgeschichte von *Tristan und Isolde* gespielt, den Liebenden, die erst nach ihrem Tod vereint sind. Auf Tristans Grab soll ein Rosenstrauch gepflanzt worden sein und auf Isoldes ein Weinstock, beide Pflanzen wuchsen zueinander und vereinigten sich. In einer anderen Version ist es Efeu, der sich über den Gräbern vereinigt, eine ebenfalls symbolträchtige Pflanze, die auf die Treue über den Tod hinaus anspielt. Offensichtlich ist die Rose mehr als nur ein Symbol der Liebe: Sie fördert sie sogar. Bereits in der Antike wurde Rosenöl als Liebesstimulans verwendet – und was wäre eine Hochzeit ohne Rosen und eine Hochzeitstorte ohne Marzipan.

Meine beste und bis heute sehr enge Freundin aus Kindertagen stürzte sich als Erste in das große Abenteuer Ehe. Kaum hatte sie das Abitur in der Tasche, nahm sie den Heiratsantrag ihres Freundes an. Und weil ich damals schon leidenschaftlich gerne Kuchen buk und Torten kreierte, lag es nahe, dass mein Geschenk für diesen großen Tag die Hochzeitstorte war.

Wenn schon, denn schon, dachte ich mir und konzipierte eine fünfstöckige

Torte. Das Rezept basierte auf einem klassischen Rührteig, angereichert mit gehackten Mandeln, gefüllt mit einer Vanille-Marzipan-Buttercreme, umhüllt von einer Marzipandecke, verziert mit zahlreichen Marzipanrosen! Hier das Rezept für die Rosen:

Marzipanrosen

Verwenden Sie eine Marzipanrohmasse mit echtem Rosenwasser aus dem Gewürz- oder Reformhaus. Verkneten Sie ca. 400 g der Masse mit ein paar zusätzlichen Tropfen Rosenwasser, 200 g gesiebtem Puderzucker und einem leicht angeschlagenen Eiweiß. Die Masse muss gut formbar und fest genug zum Ausrollen sein. Teilen Sie die Masse in zwei ungleich große Teile, etwa ein Drittel zu zwei Drittel. Die kleinere Menge mit grüner, die größere Menge mit roter Lebensmittelfarbe färben. Die rosarote Marzipanmasse zwischen den Händen zu Schlangen rollen und zwar so viele, wie Rosen gewünscht sind. Anschließend die Schlangen mit dem Nudelholz ausrollen und zu Rosen formen, indem Sie jeweils eine Längsseite der plattgewalzten Schlange zwischen Daumen und Zeigefinger halten und zusammendrücken. Drehen Sie so lange, bis die Schlange zu Ende und eine schöne Rosette entstanden ist. Das grüne Marzipan ebenfalls ausrollen und Blattformen mit einem Messer ausschneiden. Die Blätter in der Mitte einkerben und schräg die Blattnerven nachzeichnen. Aus dem restlichen grünen Marzipan formen Sie noch die Stiele, indem Sie lange dünne Schlangen rollen.

Trotz der mit viel Mühe hergestellten Torte aus aphrodisierenden Zutaten hielt die Ehe nicht besonders lange – für ausdauernde Partnerschaften sind offensichtlich doch noch andere Faktoren wichtig. Dieser Freundin jedenfalls bereitete die Rose viele Jahre später erneut den Liebesweg. Sie war längst geschieden und als alleinerziehende Mutter im üblichen Alltagsstress – sie hatte weder Zeit noch Nerven für die Partnersuche. Doch plötzlich lag fast täglich eine rote Rose auf ihrem Briefkasten. Nach einer Weile kamen kleine Botschaften hinzu, schließlich ein romantischer, zaghafter Vorschlag für ein Treffen. Meine Freundin war gerührt und neugierig zugleich.

Es kam zum Rendevouz und aus dem »durch die Blume« eingefädelten Treffen wurde eine leidenschaftliche Beziehung. Ein wunderbarer Beweis dafür, dass es tatsächlich noch Männer gibt, die »die Rose sprechen lassen«.

Die Rose und die Liebe – seit alters her bis heute untrennbar, unzertrennlich, fast ein und dasselbe.

Rosenkrieg

Aber was wäre die Liebe ohne Leid und dazu gehört auch der Streit nach einer gescheiterten Ehe, der so genannte Rosenkrieg. Die Blüte der Rose symbolisiert die Liebe und ihre Dornen das Leid. Die Bezeichnung Rosenkrieg hat aber noch einen anderen, historischen Hintergrund: Im klassischen Altertum war die Rose auch ein Symbol des Sieges. Im römischen Reich durften siegreiche Heerführer einen Rosenkranz tragen und an ihrem Schild eine Rose befestigen. Eine Sitte, die nach dem Niedergang des Römischen Reiches inflationierte, aber von vielen Adelshäuseren beibehalten und in das Wappen übernommen wurde.

Auch die beiden englischen Adelshäuser York und Lancaster trugen in ihrem Wappen die Rosen. Das Haus York führte die weiße und Lancaster die rote Rose. Beide konnten ihren Stammbaum auf König Edward II. zurückführen und stritten um den Thron. Dabei entfachten sie einen blutigen Bürgerkrieg, der von 1455 bis 1487 andauerte und dem Haus Lancaster den Sieg und die Krone bescherte. Allerdings war es kein militärischer Sieg, der Krieg wurde durch die Vermählung von Mitgliedern beider Häuser beendet, als Heinrich VII. von Lancaster 1486 Elisabeth von York heiratete. Auch auf dem Wappen zeigt sich diese Verbindung, es trug fortan sowohl die weiße wie auch die rote Rose und ist noch heute als Wappenrose des englischen Königshauses zu sehen: die »Tudor-Rose«.

Shakespeare widmete sein Drama *Heinrich VI.* dem Rosenkrieg der Häuser Lancaster und York.

Plantagenet

Es pflücke, wer ein echter Edelmann

Und auf der Ehre seines Bluts besteht,

wenn er vermeint ich bringe Wahrheit vor

mit mir von diesem Strauch 'ne weiße Rose

Somerset

So pflücke, wer kein Feiger ist noch Schmeichler

Und die Partei der Wahrheit halten darf,

mit mir von diesem Dorn 'ne rote Rose

8
Im Namen der Rose

*A*lte Gemäuer, Klöster, Kirchen und vor allem Schlösser und Burgen haben mich schon immer fasziniert, ebenso historische Romane. Umberto Ecos *Der Name der Rose* zog mich ebenso in seinen Bann wie später die Verfilmung von Jean-Jacques Annaud mit Sean Connery in der Hauptrolle. Ich besuchte das Kloster Eberbach, wo ein großer Teil des Films gedreht wurde, und stellte mir immer wieder die Frage: Wo ist die Rose?

So sehr ich das Buch auch vorwärts und rückwärts las – ich fand keine einzige Rose darin. Dabei blieb es, bis ich mich intensiv mit der Symbolik der Rose auseinandersetzte. Dabei stieß ich wieder auf Aphrodite, die Schaumgeborene mit Rosenstrauß. Ihre notorische Fremdgeherei verband in der griechischen Mythologie die rote Rose nicht nur mit Erotik, Lust und Leidenschaft – sondern führte noch zu einer ganz anderen Assoziation:

Ihre Liebesaffären sind auch ihrem Sohn Eros (der mit den Liebespfeilen) aufgefallen, und um sie vor weiteren Schwierigkeiten zu retten, sandte er Harpokrates – dem Gott der Verschwiegenheit – Rosen und bat ihn, die Affären geheim zu halten. Auf diese Weise gesellte sich in der Symbolsprache zu Lust und Leidenschaft auch das Geheime, Verschwiegene.

Ähnlich erging es der Rose im alten Rom: Die Götter hatten zwar andere Namen, der Mythos war jedoch der gleiche, Aphrodite ist gleichzusetzen mit Venus und Eros mit Amor bzw. Cupido. In Rom wurde die Rose zu einem wichtigen und verbindlichen Symbol der Verschwiegenheit – auch in der Politik. Bei geheimen Sitzungen des Senats wurde eine Rose an die Tür gesteckt. *Sub rosa dictum:* Das unter der Rose Gesagte musste geheim bleiben.

Nachdem ich also diesem Geheimnis auf die Spur gekommen war, dass die Rose nicht nur ein Symbol der Liebe, sondern auch ein Symbol des Geheimnisses ist, wurde mir klar, warum Ecos Roman *Der Name der Rose* heißt. Im

Zentrum der düsteren und spannungsreichen Ereignisse im Kloster steht ein geheimes Buch, über das nicht gesprochen werden darf – *sub rosa* eben.

Die Kirche im Mittelalter hatte das römische Symbol der Verschwiegenheit aufgegriffen. Zahlreiche Beichtstühle sind seit dieser Zeit mit Rosen verziert. Unter der Rose – unter dem Siegel der Verschwiegenheit – werden die Sünden gebeichtet. Aber nicht nur Beichtstühle sind mit Rosen verziert, sie zieren seit dem Mittelalter auch zahlreiche Schlösser, Burgen und Klöster. Später, vor allem im Jugendstil, zog die Rose auch in die Privaträume des Bürgertums ein. Rosetten oder Rosen schmücken als Reliefs vor allem Eingänge oder Decken von Speisesälen, privaten Speisezimmern oder öffentlichen Versammlungsräumen. Das unter der Rose Gesprochene darf nicht nach draußen dringen.

Die Ergebnisse meiner Recherche haben mich an die vielen Familienfeiern bei meiner Großmutter erinnert. Das Haus, eine klassische Jugendstilvilla aus den 20er Jahren des letzten Jahrhunderts, hatte im Esszimmer eine riesige Rosette an der Decke, von der ein üppiger Kronleuchter herunterbaumelte. Der Sinn der Zierde wurde mir »im Namen der Rose« klar: Die Familiengeheimnisse, die im Esszimmer ausgetauscht werden, dürfen nicht nach draußen dringen.

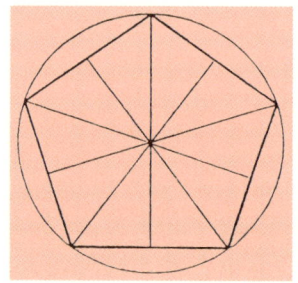 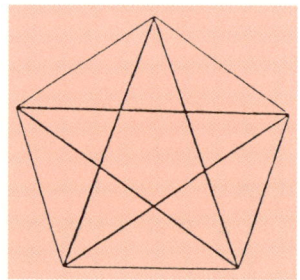 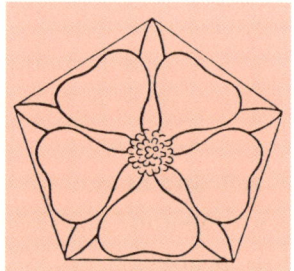

Die Rose ist nicht nur Symbol der Liebe, sondern auch des Geheimnisses und der Geheimbünde. Das Pentagramm leitet sich von den fünf Blütenblättern der Rose ab.

Spirituell war es nicht nur die katholische Kirche, die die Rose als Symbolträger des Geheimnisses eingesetzt hatte. Die fünfblättrige Wildrose bildet die Grundlage für das Pentagramm, den Drudenfuß, eines der wichtigsten Symbole der Alchemisten und der Geheimbünde. Die Templer nahmen sich der fünf Petale, des Pentagramms und der Rose an. In der Mitte des runden Tischs der berühmten »Ritter der Tafelrunde« ist auf verschiedenen Abbildungen die fünfblättrige Wildrose dargestellt.

Das Wahrzeichen der Tempelritter war das Rosenkreuz, das rote Kreuz, teilweise auch rosenumrankt oder durch Rosen ergänzt.

Da sich meine Rosenrecherchen immer wieder mit den Templern kreuzten, begann ich mich intensiv mit diesem Ritterorden des frühen Mittelalters, der schnell zu unglaublichem Ruhm und Reichtum gelangte und dessen Mitglieder anschließend gejagt, zu Ketzern erklärt und hingerichtet wurden, zu beschäftigen.

Im 11. Jahrhundert beschloss der Klerus, Jerusalem zurückzuerobern und den Tempelberg zu besetzen. Kirche und Obrigkeit des Abendlands sind sich einig, gegen die »Muselmanen« im fernen Orient im Namen der Kirche des Gekreuzigten in den Krieg zu ziehen. Kreuzzüge werden geplant und von Kreuzrittern durchgeführt. Jeder war aufgerufen, sich am »heiligen Krieg« zu beteiligen. Einige Jahre später taucht ein Geheimbund auf, der Anfang des 12. Jahrhunderts von der päpstlichen Versammlung als Orden anerkannt wurde: Die Templer.

Eine genaue Datierung der Ordensgründung scheint nicht möglich zu sein, die Angaben weichen voneinander ab – doch wie sollte es auch anders sein bei einem Geheimbund? Einige Quellen geben Gottfried von Bouillon als ersten Großmeister und Gründer des Ordens an. Der Herrscher von Lothringen eroberte Ende des 11. Jahrhunderts Jerusalem. Er wollte aber nicht den Thron als König von Jerusalem besteigen, sondern übergab die Macht an seinen Bruder Balduin.

Anderen Quellen zufolge wurden die Templer erst 20 Jahre nach Gottfrieds Tod gegründet und wählten den Tempelberg als ihr Hauptquartier. Verschwörungstheorien und Spekulationen gibt es viele, Fakten wenig. Ein

Geheimbund hätte auch kläglich versagt, wenn man leicht an verlässliche Quellen käme.

Die gängigste Theorie lautet: Die Templer hatten die Aufgabe, Reliquien aus dem Heiligen Land zurück in die Heimat zu bringen. Ihre Hauptmission soll die Rückführung des heiligen Grals gewesen sein. Jedes Ordensmitglied musste Armut, Keuschheit, Gehorsam gegenüber dem Großmeister und dem Patriarchen von Jerusalem schwören. Und zwar genau in dieser Reihenfolge, erst der Großmeister, dann der Patriarch.

Der Schwur bezog sich nur auf die einzelnen Mitglieder und nicht auf den Orden selbst, der innerhalb kürzester Zeit zu unermesslichem Reichtum und Macht gelangte. Ende des 12. Jahrhunderts verwendeten die Templer das Rosenkreuz als Symbol. In der gleichen Zeit entstehen Gralslegende, und Rosen werden in die Symbolik der Kirche integriert.

Bei Reisen in Südfrankreich und Spanien war ich auf der Suche nach einer Verbindung zwischen Templern und Rosen. Tatsächlich fand ich in jeder Templerkirche verschiedene Rosensymbole, Reliefs, Gemälde oder Fenster.

Wählten die Templer die Rose als Symbol der Verschwiegenheit? Oder als Symbol der Weiblichkeit? Oder als Symbol der Wiedergeburt, eine Aneignung aus der persischen Symbolsprache, die christliche Gnostiker schon in den ersten Jahrhunderten unserer Zeitrechnung übernommen hatten? Oder war die Rose für die Templer ein Symbol der Rosenlinie, der *rose line*, die im übertragenen Sinn auch ein Weiterleben von Christus in seinen Nachkommen sieht? Oder wählten sie die Rose einfach nur deshalb, weil sie auch ein Symbol der Errungenschaften der Kreuzzüge war? Rosen und Rosenöle, die sie von ihren Eroberungen mit nach Hause brachten, waren von erheblichem Wert.

Rätselhaft bleiben der große Reichtum und die plötzliche Vernichtung der Templer Anfang des 14. Jahrhunderts. Die Templer wurden nach nur zwei Jahrhunderten ihrer Existenz von Kirche und Staat unerbittlich verfolgt und ermordet. Sie wurden quasi von Heiligen zu Ketzern und Opfern der Inquisition. Der letzte Großmeister wurde 1314 auf dem Scheiterhaufen verbrannt.

*Alle Wildrosen sind fünfblättrig. Es gibt aber auch einige
gezüchtete Zierrosen, die die Fünfblättrigkeit behalten haben und
ihren »wilden« Verwandten am nächsten kommen.*

Die Geometrie birgt ebenfalls viele Geheimnisse. Auch diese Symbolik geht
auf die alten Griechen zurück und führt wieder direkt zur Rose: Das Pentagramm. Pythagoras, auf dessen Lehre die heutige Geometrie beruht, hat
nicht nur die berühmt-berüchtigten Sätze für Dreiecke entwickelt, er hat sich
viel umfassender mit der Geometrie befasst – auch mit dem Pentagramm.

Es entsteht bei der Verbindung der fünf Petalen der Wildrosenblüte – und
ist ein magisches Symbol der Geheimgesellschaften. Andrews und Schellen-
berg vermuten gar den Schlüssel zum Geheimnis des letzten Grabes Christi
in der verschlüsselten Geometrie.

Das intensive Studium der Pythagoras-Lehre und anderer Lehren der Antike gehörte bei den Templern genauso zur Ausbildung wie das Studium der Alchemie, bei der die Rose als »flos sapientum«, als Blume der Weisheit und als Bild des klaren Geistes gilt. Die leicht gefüllten Rosen mit sieben Blattreihen symbolisieren in den Augen der Alchimisten die sieben Planeten mit den dazugehörigen Metallen sowie das Geheimwissen, das fortschreitend erworben wird. Seit Urzeiten ist die Rose mit dem Mystizismus verwoben. Das hat sich auch bei den neuzeitlichen Esoterikern und Mystikern nicht geändert. Während der Kreuzzüge vertieften die Templer ihr Wissen und konnten durch ihre Geometriekenntnisse chiffrierte Botschaften leichter verstehen und mögliche Verstecke entdecken. Durch ihr Wissen waren sie bei der Reliquiensuche allen anderen Kreuzrittern weit voraus.

Ihre geometrischen Kenntnisse wussten sie auch in Bauwerken einzusetzen. In der kurzen Zeit ihres Wirkens schufen sie zahlreiche Kirchen, Burgen und Festungen in ganz Europa bis in den Orient in einem ganz eigenen Stil. Beispielsweise sind ihre Kirchen stets rund mit Rosetten- bzw. Rosenfenstern. Die bedeutendste und berühmteste Templerkirche steht in London.

Templer und Rosenkreuzer verdeutlichen, wie wichtig die Rolle der Rose bei den Geheimbünden war und ist. Angeblich gehen die Rosenkreuzer auf einen Christian Rosencreutzer zurück – den es aber aller Wahrscheinlichkeit nach nie gegeben hat. Und der Name ist sicherlich nicht zufällig gewählt.

Christian – Christus?

Rosencreutz – eine Anspielung auf das Rosenkreuz der Templer?

Die Rosenkreuzer waren eine Geheimgesellschaft, die in der Zeit der Aufklärung in Europa aufblühte und in ihren Manifesten die »Ergründung der menschlichen Befindlichkeit« festschrieb, die der Orden Anfang des 17. Jahrhunderts in Kassel veröffentlichte. Der Geheimorden beschäftigte sich – ebenso wie die Templer – ausführlich mit den Gelehrten der Antike, vor allem Pythagoras und Platon. Sie setzten deren Praxis fort, Weisheiten in geometrische Formen zu bringen. Künstler, die sich diesen Geheimorganisationen anschlossen, benutzten die Lehren der Geometrie, um in ihren Bildern geheime Botschaften zu verstecken.

Der berühmte Maler Leonardo da Vinci, der auch Architekt und Baumeister war, kannte ebenfalls die geometrischen Lehren. Seine Werke enthalten verschlüsselte Botschaften, die nur mit Hilfe der Geometrie aufgedeckt werden können. Dan Brown entwickelte daraus eine sehr kühne Theorie: Auf da Vincis *Das letzte Abendmahl* ist Maria Magdalena abgebildet, ihr und Jesu Körper bilden geometrische Linien, die ein Dreieck – den heiligen Gral – das *sangreal* darstellen.

Das Symbol der Rosenkreuzer greift ebenfalls eindeutig geometrische Formen auf, und zwar die der Rose: Es zeigt Jesus inmitten einer Rosenblüte, in einer stilisierten Pyramide, wobei die Rose nicht als fünfblättrige Wildrose dargestellt ist, sondern als gefüllte Rose mit zwei Kreisen aus jeweils 16 Blütenblättern in zwei Reihen. Wird hier auf die persische Rosensymbolik der Wiedergeburt angespielt? In Persien wurde von jeher die gefüllte Duftrose gezüchtet. Durch die Extraktion des Rosenöls und des Rosenwassers lebt der »Geist der Rose« auch nach ihrem Tod weiter. Wollten die Rosenkreuzer mit ihrem Symbol ausdrücken, dass der spirituelle Geist Jesu weiterlebt, auch wenn es keine weltliche Auferstehung gab? Und weist die Pyramide auf einen verborgenen Ort? Das geheime Wissen der Rosenkreuzer wurde bis ins 20. Jahrhundert getragen. In Pariser Künstlerkreisen entstanden Ende des 19. Jahrhunderts Künstlersalons, die »Rosenkreuz Veritas«. Gleichzeitig kam ein armer Kirchenmann, der eng mit Rosen verbunden war, zu plötzlichem Reichtum: Abbé Bérenger Saunière. Der katholische Priester, der Anfang des 20. Jahrhunderts starb, entdeckte in seiner Kirche in Rennes-le-Château im Südwesten Frankreichs geheime Dokumente in einem Hohlraum im Altar. Nachdem er die Pergamente gefunden hatte, kam er plötzlich zu unermesslichem Reichtum. Auf vielen Abbildungen wird er mit einer Rose in der Hand dargestellt.

In Südwestfrankreich, wo der letzte Templergroßmeister herrschte, wohin sich auch die Katharer, die Gnostiker, zurückzogen und in einem brutalen Krieg vernichtet wurden – hier liegt Rennes-le-Château. In diese Region sollen König Herodes und Pontius Pilatus verbannt worden sein, hier wird einem Mythos zufolge auch die letzte Ruhestätte von Maria Magdalena und Jesus Christus vermutet.

Unweit davon gibt es tatsächlich ein mystisches Grab, das von dem berühmten Maler Nicolas Poussin im 17. Jahrhundert dargestellt wurde: *Die Hirten von Arkadien*. Das Grab in der Nähe von Rennes weist deutliche Ähnlichkeit mit dem von Poussin gemalten auf und passt so perfekt in die Verschwörungstheorie. Saunière starb eines plötzlichen Unfalltodes, wie eine Reihe anderer Menschen in seinem Umfeld auch. Über die Frage, woher sein unermesslicher Reichtum kam, wird bis heute spekuliert: Angeblich haben die Templer das Geheimnis um Jesu Grab und die Blutlinie auf Pergamenten festgehalten und in der Kirche von Rennes-le-Château versteckt. Saunière soll zufällig die Pergamente entdeckt haben. Dieses geheime Wissen führte angeblich sowohl bei den Templern als auch bei Saunière zu dem sagenhaften Reichtum – kein materieller Schatz, sondern ein Dokument, das anscheinend für jemand sehr viel Wert hatte.

Bei den bis heute existierenden Freimaurern spielt die Symbolik der Rose ebenfalls eine große Rolle. Häufig findet sich im Zirkel der Freimaurer eine Rose, weit häufiger aber noch das Pentagram oder der fünfzackige Stern, der letztendlich auch auf die fünf Petalen der Rose zurückgeht.

Auch bei den Freimaurern soll es um geheime Botschaften aus dem frühen Christentum und eine enge Verbindung zu den Templern gehen.

Sub rosa dictum – Das unter der Rose Gesprochene bleibt ein Geheimnis.

Doch nicht nur bei Geheimbünden hat sich die Rose als Symbol für ein Geheimnis gehalten. Auch in der aktuellen Literatur, in Filmen und sogar in Videospielen wird die Rose immer wieder als Geheimnisträgerin herangezogen.

Die mystische Kraft der Rose manifestierte sich früher in allerlei Volksweisheiten und Ritualen: Man pflanzte drei rote Rosen in einen Kräutergarten, um »Gesindel« fernzuhalten. Und in Süddeutschland galten Hagebutten

Das Geheimnis der Rose bildlich dargestellt.

Der Rosenapfel ist eine Wucherung an der Wildrose, die durch
die Gallwespe verursacht wird. Er wurde früher bei Schlafstörungen
unter das Kopfkissen gelegt.

als Schutz gegen Verhexung. Beispielsweise galt saure Milch als verhext. Um
die Milch davor zu schützen sauer zu werden, schlugen die Bäuerinnen mit
einer Hagebuttenrute ins Feuer.

Aber nicht nur positive übernatürliche Kräfte wurden der Rose zugeschrieben. Kletterrosen sollen vom Teufel erschaffen worden sein, um auf den
dornigen Stacheln in den Himmel steigen zu können.

Besonders interessant finde ich die angeblich magischen Kräfte der so genannten Rosenäpfel. Dabei handelt es sich um bizarre Wucherungen an Wildrosen, die durch die Rosengallwespe verursacht werden.

Der germanische Gott Odin soll der Sage nach einen Rosenapfel unter das Haupt der Brunhilde gelegt haben, damit diese einschlief. Im Mittelalter wurden Rosenäpfel als Schlafmittel für »verhexte« Kinder eingesetzt, die nachts weinten. Bader hatten sie als »Zauberkugeln« im Angebot. Auch den Rasenden, den Geisteskranken also, wurden die Rosenäpfel zur Beruhigung unter das Kopfkissen gelegt.

Pharmakologisch konnten bisher noch keine Inhaltsstoffe nachgewiesen werden, die diese beruhigende Wirkung bestätigen würden, es gibt aber auch noch keine umfassenden Forschungen zu diesem Thema. Allerdings konnten schon bei vielen anderen Volksweisheiten, mittelalterlichen Behandlungsmethoden und Rezepturen mit modernen pharmazeutischen Analysen die ursprünglichen Anwendungen bestätigt werden. Gallwespen sind hochspezialisiert und anscheinend sind nur Wildrosen anfällig für diese Schmarotzer. Die attraktiven Wucherungen enthalten sicherlich andere Inhaltsstoffe als das gesunde Blatt. An meinen Wildrosen habe ich noch keine Gallwespen gefunden, überhaupt konnte ich diesen bizarren Rosenapfel in der Stadt noch nicht finden, auf Wildrosen an Feldrändern, Wiesen, Weinbergen dagegen schon. Mich würde es nicht wundern, wenn von diesem bezaubernden Geschwür heilende Kräfte ausgingen – aber auch das gehört noch zu den vielen Geheimnissen der Rosen.

9
Das Parfüm

Es war Patrick Süskinds Roman *Das Parfum*, der meine Nase neugierig machte. Ich war inzwischen an der Universität und studierte – wie sollte es anders sein – Botanik und hatte eine Arbeitsgruppe gefunden, die auch über »den Tellerrand« hinausschaute, sich nicht nur für die genetische Struktur von Kartoffeln, Möhren und anderen nützlichen Gewächsen interessierte, sondern auch für Kultur und Geschichte. Ergänzend zur Seminarliteratur vertieften wir uns auch gelegentlich in Belletristik, die im weitesten Sinne etwas mit Botanik zu tun hatte. Richtig gut erinnern kann ich mich nur an dieses eine Buch, vor allem, weil mein Paris-Aufenthalt kurz bevorstand und ich mir die Frage stellte: Wie riecht eine Stadt? Tatsächlich hat jeder Ort und jeder Mensch seinen eigenen Geruch.

Ein und dasselbe Parfüm entwickelt bei jedem Träger nicht nur eine eigene Note, sondern fast einen eigenen Duft. Vor allem vor dem Hintergrund von Süskinds Roman, der unübertrefflich sinnlich die Bedeutung des Körpergeruchs beschreibt, wollte ich mehr über die Duftkomponenten erfahren und stellte allerlei Recherchen an.

Bis ins Mittelalter hatten Gerüche einen hohen Stellenwert. Allein die Nase gab Auskunft über Wohlbefinden, Krankheiten, Alter und Wohlstand des »Ausdünstenden«. Ätherische Öle waren die am häufigsten verwendeten Heilmittel, ganz oben auf der Hitliste der heilenden Öle stand natürlich das Rosenöl. Aber auch zahlreiche andere Öle, von denen wir heute wissen, dass sie adstringierende und antibakterielle Wirkung haben, wurden eingesetzt.

Die Verwendung von Duftölen zur Steigerung des Wohlbefindens gehörte im Altertum, zumindest unter den Wohlhabenden, zur täglichen Körperpflege. Aber auch die einfachen Bürger konservierten Pflanzendüfte zur Körper- und Raumpflege. »Ich kann dich nicht riechen«, zeigt wie kein anderer Spruch aus dem Volksmund die Bedeutung des Geruchs für zwischen-menschliche Beziehungen. Eine Metapher dafür, dass man eine bestimmte Person nicht leiden kann. Die ursprüngliche Bedeutung geht jedoch tatsäch-lich auf den Geruchssinn zurück. Wenn eine Person einen Geruch verströmt, den man als abstoßend empfindet, ist ein Miteinander unmöglich. Diese ar-chaisch-animalische Kommunikation über den Geruchssinn ist das zentrale Thema von Süskinds Roman. Das Leiden des Jungen Grenouille (gut ge-wählter Name, Grenouille heißt Frosch und Frösche verströmen bekanntlich keinen Geruch), der keinen Körpergeruch hat und entsetzlich darunter leidet, weil die Folge davon ist, dass er kaum wahrgenommen wird, so als wäre er durchsichtig. Es ist eine spannende Theorie, dass unser Geruch genauso wich-tig ist wie unsere Erscheinung – wären wir durchsichtig, würden wir überse-hen werden, hätten wir keinen Geruch, wäre es das Gleiche. Patrick Süskind hat den Roman in einer Zeit angesiedelt, in der Geruch eine enorme Rolle gespielt hat, und so plastisch die stinkenden Straßen um den Pariser Fisch-markt beschrieben, dass ich monatelang keine Lust mehr auf Fisch hatte. Ob-wohl Grenouille ein absoluter Antiheld ist, habe ich mit ihm mitgelitten und das Thema Duft/Geruch bekam für mich eine ganz neue Bedeutung.

Da wir uns in unserer Arbeitsgruppe nicht nur über den Roman austausch-ten, sondern auch gerne ausländischen Forschungsgästen kulturelle High-lights zeigten, ergab es sich, dass wir in dieser Zeit eine israelische Wissen-schaftlerin in das Heidelberger Schloss und das Apothekermuseum führten.

Im Gespräch mit unserem Gast erfuhr ich, dass in Israel vier Rosenarten heimisch sind, darunter auch unsere Heckenrose, die *Rosa canina* – und Rosen bereits in alttestamentarischer Zeit dort gezüchtet wurden. Im Talmud wer-den Rosen häufiger erwähnt: »Keine Gärten und Obstgärten sollten in Jeru-salem angelegt werden, ausgenommen Rosengärten, die es schon seit der Zeit der frühen Propheten dort gibt« (*Baba Kama* 82b); »Der Bräutigam am Hoch-zeitstag trägt einen Kranz aus Rosen« (*Megillat Taanit* 327). Auch im *Hohen Lied Salomons* spielt die Rose eine besondere Rolle. Für Heil- und kosmeti-sche Zwecke war die Rose dort ebenfalls von herausragender Bedeutung.

Und so war unsere Besucherin nicht nur kulturell an dem Schloss und seiner Geschichte interessiert, sondern als Botanikerin auf das Apothekermuseum genauso neugierig wie ich. Die dort ausgestellten Apotheken der vergangenen Jahrhunderte waren so ziemlich genau das, was ich mir als Schülerin unter einer interessanten Apotheke vorgestellt hatte, und die angedeuteten Arbeitsschritte und beschriebenen tatsächlichen Arbeiten eines Apothekers erst recht.

Die andere Definition von Drogen

Spätestens seit Paracelsus ist bekannt, dass tödliche Inhaltstoffe von Pflanzen in geringen Dosen heilsam wirken können. Umgekehrt können Beruhigungs- oder Schmerzmittel zu Rauschmitteln werden. So ist es nicht verwunderlich, dass bei pflanzlichen Wirkstoffen generell von Drogen die Rede ist, ob Koffein, Teein, Theobromin – oder eben die ätherischen Öle der Rose. Alles, was wirkt, ist eine Droge, was jedoch nicht den Umkehrschluss zulässt, dass alle Drogen giftig sind. Aber überdosiert wirken die meisten heilenden Substanzen giftig oder zumindest schädlich. Die ätherischen Öle der Rose sind allerdings allesamt harmlos und ich habe noch von keinem Fall von Rosenvergiftung gehört. Für mich ist die Rose ein phytopharmazeutischer Idealfall: riecht gut, schmeckt gut, fördert das Wohlbefinden und kann nicht schaden.

Was man von vielen anderen duftenden Ingredienzen von Parfüms ganz und gar nicht behaupten kann. Beispielsweise ist das unschuldig, treu und zart aussehende Maiglöckchen, das zahlreiche Parfüms mit seinem blumig-frischen Geruch bereichert, hochgiftig. Und die Blätter »tarnen« sich auch noch wie harmloser Bärlauch. Immer wieder erkranken Menschen schwer, weil sie nach den falschen Blättern griffen.

Die pharmazeutische Kulturgeschichte der Heilpflanzen – und natürlich auch der Rose – findet im Apothekermuseum besondere Beachtung. Außerdem beherbergt das Museum im Heidelberger Schloss eine einzigartige Sammlung von über 1000 Rohdrogen. Viele davon sind ausgestellt oder in den herrlichen Gefäßen der alten Apotheken aufbewahrt. Die Schubladen der gedrechselten Schränke sind mit dem jeweiligen Drogeninhalt beschriftet, der dort tatsächlich auch gelagert wird, als getrocknetes Kraut, als Harz, als Gummi oder als Extrakt. Meine besondere Aufmerksamkeit galt bei diesem Besuch des Museums dem Einsatz von Duftstoffen in der Pharmazie. Dazu lässt sich im Apothekermuseum einiges in Erfahrung bringen. Bei vielen der ausgestellten so genannten Rohdrogen sind alte Rezepturen den Vitrinen beigefügt, in denen die unterschiedlichsten Therapien beschrieben werden. Dabei kommen die äußerlichen Anwendungen nicht zu kurz. Zum Beispiel bedienen sich Behandlungen mit Salben, die ätherische Öle enthalten, aber auch Inhalationsanleitungen, Massagen, Bäder und Ähnliches der heilenden Wirkung der aromatischen Öle. Die Rosenanwendungen reichen in den amtlichen Arzneibüchern des Mittelalters und der Antike von Kopf bis Fuß, vom Herzen bis zum Magen. Rosenrezepte gegen Kopfschmerzen, Rosenrezepte gegen Herzschmerzen, Rosenrezepte gegen geschwollene Füße, Rosenrezepte zur Gebärhilfe, Rosenrezepte gegen Verstopfung und zur Blutreinigung, Rosenrezepte als Aphrodisiakum, Rosenrezepte gegen Gallenleiden und vieles mehr.

Bei einem späteren Besuch des Museums hatte ich Gelegenheit, hinter die Kulissen zu schauen und in alten pharmazeutischen, medizinischen und botanischen Schriften zu stöbern. Gezielt suchte ich nach der Rose und stellte fest, dass es kein mittelalterliches Buch zur Pflanzenheilkunde gibt, das das Kapitel Rosen nicht ausführlich behandelt. Selbstverständlich nahm die Essigrose, die Apothekerrose, dabei besonders großen Raum ein, aber auch einige andere Sorten wurden genannt und ließen das Potenzial dieser Heilpflanze erahnen.

Ich habe oft darüber nachgedacht, warum die Rose aus der Medizin verschwunden ist. Einer der Hauptgründe ist natürlich insgesamt der Rückgang der Phytopharmaka zugunsten chemischer Mittel, was schon bei Paracelsus begann, und im Zuge der Industriellen Revolution wurden pflanzliche Wirkstoffe erst recht zur zweiten Wahl. Aber es gibt wahrscheinlich noch einen anderen Grund. Die Bedeutung der Rose änderte sich nach der Renaissance. Zum einen kamen zahlreiche Zierrosensorten auf den Markt, die für die Heilkunde völlig irrelevant sind, zum anderen erreichte die Wertschätzung von Düften als Luxusartikel im 18. Jahrhundert einen Höhepunkt.

Zierrosen, die damals gezüchtet wurden, haben wenig mit unseren modernen Rosensorten zu tun. Es waren gefüllte Rosen mit zarten Blütenblättern sowie duftender, praller Blütenpracht und nostalgischem Flair. Bis heute wird von Alten Rosen gesprochen, wenn ihr Züchtungsursprung vor dem Jahr 1867 liegt. Alle danach kreierten Rosen zählen zu den modernen Sorten. Die unglaubliche Vielfalt an Rosensorten »erschlug« sicherlich auch die Sorten, die ursprünglich für therapeutische Anwendungen genutzt wurden. Und es gibt heute vor allem »solche« und »solche« Rosenfans: Entweder passionierte Gärtnerinnen/Gärtner, denen beim Besuch von besonderen Rosengärten das Herz aufgeht, die sich für die unterschiedlichsten Züchtungen begeistern können und sich an der Formenvielfalt der Rosenblüten ergötzen, sich mit den unglaublich komplizierten Sorten- und Zuchtbesonderheiten auskennen und den Namen vieler Rosensorten sofort wissen. Und es gibt Rosenfans, die ihre Rosen nur nach »der Nase« aussuchen, die fachmännisches Wissen über ätherische Öle besitzen und einen Rosenduft in all seinen Variationen sofort erkennen.

Manche Gartenrosenfans können intensiven Rosenduft überhaupt nicht ertragen, andere schwelgen im Duft und verabscheuen langstielige Zierrosen. Es zeichnet sich aber sowohl im Garten als auch bei Rosenprodukten ein eindeutiger Trend ab: Die Inhaltsstoffe der Rose werden wieder ernst genommen. Rosenzüchter beobachten ein deutlich gestiegenes Interesse an alten, duftenden Sorten. In der Naturheilkunde wird der Rose ebenfalls wieder mehr Aufmerksamkeit entgegengebracht, zum Beispiel in der Aromatherapie mit Rosenöl.

Bis zur einstigen Bedeutung dieser pflanzlichen Heilmittel ist es allerdings noch ein langer Weg und es bleibt abzuwarten, ob Rosentherapien jemals wieder zu ihrem einstigen Ansehen zurückfinden.

Erst kürzlich hat sich die Parfümindustrie im so genannten »Duft-Valley« östlich von Paris zusammengetan, um die tatsächliche Wirkungsweise ätherischer Öle genauer unter die Lupe zu nehmen. Auf sicherlich erstaunliche Erkenntnisse darf man gespannt sein. In diesem Zusammenhang wird auch die Rolle des Körpergeruchs erforscht, Patrick Süskind wird sich freuen.

Welthauptstadt des Parfüms

Es gibt sehr viele »Duftorte« auf der Erde, aber keiner ist vergleichbar mit Grasse. Seit mehr als 200 Jahren nennt sich Grasse voller Stolz »Welthauptstadt des Parfüms«. Berühmte Parfümkreationen sind in den mittelalterlichen Mauern der südfranzösischen Stadt entstanden: von Dior bis Chanel, Grasse hat den Parfümeuren einiges zu bieten. Den mittelalterlichen Charme, den Patrick Süskind in seinem Roman beschreibt, hat der Ort behalten – solange Sie ihn nicht in der Hochsaison besuchen. Die Rosen blühen in der Vorsaison, im Wonnemonat Mai, und wer Pfingsten umgeht, kann auch heute noch den Zauber von Grasse erleben. Die Stadt trägt das Erbe einer langen Handels- und Industrietradition. Händler von Grasse schlossen ein Abkommen mit Genua und exportierten vor allem Wein, Leder und Vieh. Im 17. Jahrhundert wurde das Gerben zum Hauptgewerbe. In der Renaissance entfaltete sich eine italienische Mode: duftende Handschuhe. Die Gerber aus Grasse passten sich schnell an. Seither blühen rund um den Handelsort zwischen Mittelmeer und den südlichen Alpen überall Rosen und andere Duftpflanzen. Und auf den mittelalterlichen Gassen der Altstadt konnte ich auf den Spuren von Grenouille wandeln. Nachdem der Roman zum Bestseller wurde und sich die Anfragen nach den Örtlichkeiten im Fremdenverkehrsamt häuften, bietet das Tourismusbüro ganz offiziell eine Tour auf den Spuren des Roman-Mörders an. Die blumige Seite des Buchs lässt sich in der Saison ebenfalls erkunden. Nach Voranmeldung können Sie die meisten Felder besuchen und bei einigen Firmen auch die Extraktionsverfahren beobachten. Die Pflückerinnen sind allerdings schon sehr früh auf den Beinen, kurz nach

Sonnenaufgang sind sie auf den Feldern der Mairose, der *Rosa centifolia*. Diese hundertblättrige Rose kam erst Anfang des 20. Jahrhunderts nach Grasse und wird heute hauptsächlich angebaut. Das Feld, das ich besucht habe, gehört Joseph Mul, einem typischen Franzosen mit Baskenmütze und Zigarre im Mundwinkel. Seit Generationen arbeitet seine Familie in der Duftherstellung und seit einem halben Jahrhundert bauen die Muls exklusiv Rosen für die Kreation von Chanel No. 5 an.

Die Pflückerinnen tragen breite Strohhüte, um ihr Gesicht vor der aufgehenden Sonne zu schützen. Anders als ich erwartet hatte, wurden die Säcke voller Rosenblüten nicht in eine Destillerie gebracht, sondern in die eigene Extraktionsfabrik. Die Extraktion ist ein völlig anderes Verfahren als die Destillation und typisch für die Mairose in Südfrankreich. Die Duftstoffe werden dafür chemisch extrahiert, das heißt, mit einem Lösungsmittel aus den Blütenblättern herausgelöst. Wichtig ist vor allem, dass das Lösungsmittel ungiftig ist, auch wenn es später herausdestilliert wird – in diesem Fall spricht man allerdings von einer Rektifikation. Für das Verfahren werden große Mengen von Blüten auf mehrere Roste eines Extraktionsbehälters geschichtet. Nachdem der Behälter fest verschlossen ist, läuft durch ein angeschlossenes Rohr das Lösungsmittel in den Behälter. Heute wird dafür meist Hexan oder Petrolether verwendet, bei manchen Blüten inzwischen auch Kohlendioxyd.

Die leicht flüchtigen und fettlöslichen Duftstoffe gehen schon bei vorsichtigem Erhitzen und viel niedrigeren Temperaturen als bei der Destillation in das Lösungsmittel über. Dieser Vorgang wird mehrmals mit neuen Blüten und demselben Lösungsmittel wiederholt, bis die Flüssigkeit mit Duftstoffen gesättigt ist, also keine weiteren ätherischen Öle mehr aufnehmen kann. Aus dieser mit Duftstoffen gesättigten Flüssigkeit wird das Lösungsmittel herausdestilliert – rektifiziert. Übrig bleibt eine wachsähnliche Paste – das Concrète –, ein ganz anderes Produkt als das durchsichtige ätherische Öl beim Destillieren. Bei der Extraktion mit Lösungsmittel werden auch die Blütenwachse herausgelöst, die in jeder Blüte in unterschiedlicher Konzentration vorhanden sind. Die Zusammensetzung der ätherischen Öle ist bei diesem

Verfahren eine andere als bei der Destillation. Die Damascenerrose wird überwiegend destilliert und die Centifolie – die Hundertblättrige – extrahiert. Das Verfahren ist schon alt, allerdings wurde damals nicht darauf geachtet, ob das Lösungsmittel giftig oder ungiftig war.

Mit dem Concrète wurde früher Leder parfümiert und damit fing die Geschichte überhaupt erst an. Grasse war im Mittelalter eine Stadt der Lederherstellung, der Kürschner. Durch die scharfen Gerbstoffe stank das Leder und war keinesfalls geeignet für Handschuhe der Pariser Damenwelt. Die italienische Mode, Leder zu parfümieren, wurde in Frankreich mit Begeisterung aufgenommen. Aber nicht nur dafür wurde das Concrète eingesetzt. Die Damen der Gesellschaft trugen auch gerne ein Döschen mit wohlriechendem Inhalt mit sich. In Grasse werden noch heute winzig kleine, wunderschön bemalte Döschen mit Concrète verkauft. Rosen- oder auch anderer Duft in fester – konkreter – Form lässt sich bei jeder Temperatur erfrischend und wohltuend auf Stirn und Schläfen verteilen.

Für den Parfümeur ist das Concrète allerdings ungeeignet. In einem Labor, das aussah wie eine Alchemistenküche, verwandelte Mul, der »Herr der Düfte«, das duftende Wachs in eine duftende Flüssigkeit. Durch eine weitere Destillation mit Alkohol – diesmal in Glaskolben – wurden die ätherischen von den fetten Ölen getrennt. Das Ergebnis war eine tiefdunkle, wohlriechende Flüssigkeit: das Absolue.

Voller Stolz zapfte Mul die wertvolle Flüssigkeit ab und hielt sie in einem winzigen Gläschen ganz vorsichtig zwischen Daumen und Zeigefinger, bevor er es ehrfurchtsvoll zur Nase führte und eine Duftprobe nahm. Es war die erste Ernte der Saison. Joseph Mul hielt mir das Gläschen unter die Nase – andächtig nahm ich eine Probe: Wunderbar, betörend und unbeschreiblich – aber ganz anders als das durchsichtige ätherische Öl. Es gibt wohl kein Verfahren, das alle Duftstoffe aus der Blüte herauszieht. Je nach Methode variiert die Zusammensetzung. Neben der Destillation und der Extraktion gibt es noch die Enfleurage und die Mazeration. Beide Methoden beruhen auf der Löslichkeit der ätherischen Öle in Fett. Wobei es die Mazeration auch mit anderen Lösungsmitteln gibt. Beispielsweise bei Likören spricht man von Mazeration, wenn die Kräuter, die dem Likör den Geschmack geben, in Alkohol eingelegt wurden. Der Alkohol entzieht den Pflanzen alkohollösliche – und damit auch fettlösliche – Bestandteile. Die Mazeration ist auch die Grundlage zahlreicher Phytopharmaka – pflanzlicher Heilmittel. Bei der Mazeration wird das Lösungsmittel nach Beendigung der Prozedur meist einfach belassen, nicht weiter extrahiert, sondern direkt verwendet. Es ist die schonendste Extraktionsmethode, ohne chemische Zusätze und bei niedrigen Temperaturen. Für kosmetische Zwecke werden die Blüten direkt in warmes Öl gegeben. Die Duftstoffe gehen dabei in das Öl über. Eine einfache, allerdings nicht so effiziente Methode, die im professionellen Bereich durch die Extraktion ersetzt wird, die auf dem gleichen Prinzip beruht, aber viel effektiver ist. Da für diese Methode keinerlei Zusatzstoffe und auch keine aufwändigen Apparaturen benötigt werden, wird sie in der Naturkosmetik und auch zu Hause gerne angewandt. Es ist die einfachste Art und Weise, Rosenöl selbst herzustellen.

Rosen auf Schweineschmalz

Die Enfleurage ist eine uralte Methode der Duftgewinnung, die Süskind wunderbar in seinem Roman beschreibt und die heute fast nur noch in Grasse gelegentlich angewandt wird. Es ist die Taktik, mit der der Roman-Mörder Grenouille versucht, den menschlichen Duft seiner Opfer einzufangen. Das Prinzip ist das Gleiche wie bei der Mazeration: Die Duftstoffe werden durch Fett aus den Blüten herausgelöst. Eine Glasscheibe, die in einen Holzrahmen gespannt ist, wird mit tierischem Fett – meist Schweineschmalz – auf beiden Seiten bestrichen. Auf diese Fettschicht werden dicht an dicht die Blütenblätter geklebt. Diese Rahmen werden einige Tage stehengelassen. In dieser Zeit wandern die Duftstoffe in das Fett. Danach werden die Blüten entfernt und durch neue ersetzt. Das Verfahren wird so lange wiederholt, bis das Fett mit Duftstoffen gesättigt ist. Aus dieser so genannten Pomade werden anschließend die ätherischen Öle durch alkoholische Extraktion – genau wie bei der Extraktion mit einem Lösungsmittel – herausgelöst. Je nach Empfindlichkeit der ätherischen Öle ist diese Methode die beste, um fragile Duftstoffe vorsichtig herauszuziehen. Deshalb werden in Grasse noch heute Jasminblüten auf diese Weise extrahiert.

Grundsätzlich gilt bei allen Pflanzen, dass sich die Qualität der gewonnenen ätherischen Öle bei den verschiedenen Methoden erheblich unterscheidet. Das trifft insbesondere auch für das Rosenöl zu. Daher wird in vielen Parfüms sowohl das Absolue als auch das reine, durch Destillation gewonnene ätherische Rosenöl verwendet.

Die Nase

Ein Parfüm ist keine einfache Mischung von Duftstoffen, sondern ein kompliziertes Ensemble von »Kopf bis Fuß«. Traditionshersteller wie Molinar Fragonard erklären und demonstrieren die Kunst der Duftkompositionen, ebenso das einzigartige Parfümmuseum in Grasse.

Dort wird auch die Geschichte des Parfüms und natürlich die von Grasse dargestellt. Die großen Hersteller haben ihre eigenen kleinen Museen mit Firmengeschichte, Führungen und Seminaren, in denen man sein eigenes Parfüm herstellen kann. Der wichtigste Mitarbeiter für die neuen Kreationen ist die »Nase«, wie der Duftkreateur genannt wird. Die »Nase« sitzt hinter Unmengen von Fläschchen, die alle einen anderen Duft beherbergen. Wie sich die Düfte mischen, verbinden und letztendlich ein Parfüm daraus entsteht, ist eine Kunst für sich.

Jedes Parfüm besteht aus drei »Noten«: der Fuß-, der Herz- und der Kopfnote. Der erste Duft, der einem Parfüm entströmt, ist die so genannte Kopfnote, die schon nach kurzer Zeit verfliegt. Darauf folgt die Herznote, die etwas später dem Parfüm entfleucht und etwa zwei Stunden hält. Zum Schluss entsteigt dem Duftgemisch die Fußnote oder Fondnote, die meist erst nach

zwei Stunden zum Tragen kommt. Damit das Parfüm nicht zu einer stufen-
weisen Duftprobe wird, verbindet ein so genannter Fixateur die drei Noten.
Wenn die Fußnote ihren Duft entfaltet, ist immer noch ein Hauch der Kopf-
und deutlich mehr von der Herznote zu riechen.

Die »Nase« komponiert regelrecht die verschiedenen Düfte zu einer Ge-
samtkreation. Welcher Duft zu welcher Kategorie gehört, hängt von der
Flüchtigkeit der Duftstoffe ab. So genannte leichtflüchtige Stoffe sind immer
Kopfnoten, die schweren immer Fußnoten, die dazwischen liegenden Herz-
noten. Der Parfümeur entnimmt dazu mit einem Papierstreifen Proben, er
riecht und beobachtet das Verdampfen des Duftes. Die rein ätherischen Öle
sind meist die Düfte, die am schnellsten verdunsten. Bei der Rose beispielsweise ist das durch Destillation gewonnene ätherische Öl typisch für die
Kopfnote und das Absolue für die Herznote. Zur Fußnote gehören hauptsächlich die »schweren« erdigen Düfte wie Sandelholz, Amber oder Moschus.

Die fertigen Duftgemische, die aus etwa 50 Einzelkomponenten bestehen,
werden in unterschiedlichen Konzentrationen mit Alkohol gemischt und er-
geben dadurch die verschiedenen Kategorien der Duftwässer.

Parfüm und Duftwasser

Echtes Parfüm enthält etwa 15 bis 20 Prozent Duftstoffe, gelöst in 96-pro-
zentigem Alkohol.

Eau de Parfum enthält nur 8 bis 15 Prozent Duftstoffe in 90-prozentigem
Alkohol gelöst und ein Eau de Toilette nur 5 bis 10 Prozent Duftstoffe in
85- bis 90-prozentigem Alkohol.

Eau de Cologne oder Aftershave enthält die niedrigste Konzentration an
Duftstoffen, nur 3 bis 5 Prozent in 80- bis 85-prozentigem Alkohol.

Je höher der Duftgehalt, desto höher muss auch die Alkoholkonzentration
sein, um die Duftstoffe zu lösen. Niedrigerer Alkoholgehalt bewirkt, dass die
Duftstoffe etwas langsamer verdunsten, das Wasser hält sie quasi zurück.

Diese theoretischen Duftgeheimnisse können Sie in Grasse in die Praxis umsetzen. Verschiedene Firmen bieten Parfümseminare an, in denen Sie in die Kunst der Duftmischung eingeführt werden und sich selbst als Duftmischer versuchen können. Von einer professionellen »Nase« ist man dann allerdings noch weit entfernt. Es dauert Jahre, um die hohe Kunst der Parfümherstellung zu erlernen, und nicht jeder hat die Gabe dazu. Wer jemals bei einer Weinprobe war, weiß, dass Brot die Geschmacksnerven neutralisiert. Ähnlich verhält es sich auch beim Parfüm. Wenn Sie nacheinander wunderbar blumige, frische, erdige, holzige, orientalische, ledrige oder noch andere Düfte eingeatmet haben, können Sie nichts mehr auseinander halten und am Ende riecht alles fast gleich. Brot nützt hier zum Neutralisieren allerdings wenig. Unsere Seminarleiterin zog eine Kaffeedose aus dem Regal: Der Duft von frisch gemahlenem Kaffee ist bei der Duftprobe genauso wirkungsvoll wie Brot bei einer Weinprobe. Trotzdem ist es unglaublich schwer, eine gelungene Komposition zusammenzustellen. Für jene, die sich trotz aller Unwägsamkeiten als »Nase« betätigen möchten, gibt es außer den Seminaren fertige Sets mit allen Komponenten, die man für eine Parfümherstellung benötigt.

Der etwas andere Rosengarten

Jedem Rosenfreund sollte Südfrankreich eine Reise wert sein, denn neben dem Rosenanbau rund um die Duftmetropole gibt es noch verschiedene sehenswerte Rosengärten. Besonders außergewöhnlich fand ich das Rosenkloster Valsaintes (www.valsaintes.org). Weitab der Autobahn, auf einem abgelegenen Hügel thront das kleine mittelalterliche Kloster, das ein paar engagierte Menschen in ein Rosenkloster verwandelten. Dort werden Rosen gezüchtet, verkauft, ausgestellt und verarbeitet. Jedes Jahr im Sommer wird dort ein dreitägiges Rosenfest mit Musik, Theater, Verkaufsständen und natürlich jeder Menge Rosenprodukte veranstaltet. Vom Kloster hat man einen wunderschönen Blick über die weiten Täler der Provence und überall um das Kloster steigt der zarte Duft der Rosen auf.

Marienkult und Rosen

Auch der Marienkult ist in Südfrankreich so ausgeprägt wie nirgendwo sonst. Fast immer wird dort Maria – ob die Mutter Gottes oder Maria Magdalena – mit der Rose und meist auch mit der Lilie assoziiert. Dem biblischen Mythos zufolge soll schon der Engel, der die Geburt Jesu verkündete, einen Lilienstängel in der Hand gehalten haben. Die Lilie gilt als männliches und die Rose als weibliches Symbol. Darüber hinaus wird der Lilie Reinheit und Unschuld und der Rose Liebe und Leidenschaft zugeschrieben. Es heißt sogar, die Lilie sei das Symbol des Kosmischen und die Rose das des Irdischen. Rot und Weiß sind die Metaphern der Schöpfung – Blut und Sperma. In der antiken Zeugungslehre entsteht neues Leben dort, wo rotes Blut und weißes Sperma sich miteinander vermischen. Vom Alchemisten bis zum Pharmazeuten beschäftigen sich alle mit der Rot-Weiß-Polarität, die auch in der Bildsprache der Rose selbst zum Ausdruck kommt, der Bedeutung der weißen Rose und der roten Rose.

Denk Dir ein Weib im reinsten Jugendlicht
Nach einem Urbild von dort oben
Aus Rosenglut und Lilienschnee geboren

WIELAND AUS OBERON, 1780,
ZITIERT NACH MARIANNE BEUCHERT

Die Kombination der beiden göttlichen Blumen ist aber nicht nur symbolisch und optisch reizvoll, auch die Duftkombination ist einzigartig. Wenn Sie einem Rosenstrauß ein paar Lilien hinzufügen, bekommt der Blumenstrauß eine ganz andere Duftnote. Auch im Garten ist die Kombination reizvoll.

Rose und Lilie gelten aber auch als Symbol des Todes. Bei der Rose ist es die Farbe, die für Kampf und Tod steht, bei der Lilie das Wesen der Pflanze. Lilien gehören zu den einkeimblättrigen Pflanzen und können nicht verholzen, ihr irdisches Dasein ist von kurzer Dauer.

Mich führten der Duft und die Rose wieder zu einem neuen Abenteuer: Paris, die Stadt der Liebe, der Mode und zweiter Handlungsort des »Parfums«. Dort lernt Grenouille der Rose ihren Duft zu entlocken, bevor er nach Grasse pilgert. Dieses Paris wollte ich spüren, fühlen, sehen – vor allem aber riechen, auch wenn die Stadt längst nicht mehr so existiert wie in der Zeit, in der Süskind den Roman ansiedelt. Gebäude und Straßen sind noch aus jener Zeit erhalten – und die Pariser Luft ist immer noch etwas Besonderes. Ich hatte einen Forschungsauftrag in Paris, ein Stipendium – nur eine Unterkunft hatte ich noch nicht. Wie so oft, kamen mir die Rosen und der Zufall zu Hilfe. Als ich eine französische Schulklasse durch den Rosengarten des Frankfurter Palmengartens führte, lernte ich ihre Lehrerin aus Paris kennen, die mir eine kleine Wohnung vermittelte. Nun stand meinem Aufenthalt in der Weltstadt nichts mehr im Wege: Paris, ich komme.

Kleines Parfümlexikon

ABSOLUES
Natürliche Duftessenzen, die durch chemische Extraktion aus verschiedenen Pflanzenteilen gewonnen werden, bei der Rose nur aus den Blütenblättern.

AGRUMENÖLE
Ätherische Öle, die aus Zitrusfrüchten, -blüten oder -blättern gewonnen werden.

ÄTHERISCHE ÖLE
Leichtflüchtige Duftstoffe, die vor allem in Pflanzen vorkommen. Allein die Rose enthält mehr als 400 verschiedene ätherische Öle. Sie werden durch Wasserdampfdestillation gewonnen.

AKKORD
Durch das Zusammenfügen verschiedener Einzelgerüche entsteht ein so genannter Akkord. Einige wenige bis zu ein paar hundert Duftstoffe werden für einen Akkord eingesetzt. Diese Komposition wird als Baustein für Parfümkompositionen verwendet.

ALDEHYDIG
Synthetische Fettaldehyde verströmen einen charakteristischen Geruch, der als »aldehydig« bezeichnet wird. Sie werden

für fast alle Parfüms verwendet, weil sie die natürlichen Duftstoffe leicht verändern, ihnen individuelle Noten verleihen.

ALKOHOL

Wissenschaftlich gesehen ist Alkohol eine Molekülgruppe mit einer typischen Endungsstruktur, die dieser Gruppe besondere Eigenschaften verleiht. Alkohol löst sowohl wässrige Fette als auch Flüssigkeiten. In der Parfümerie ist Alkohol das wichtigste Lösungsmittel.

ANIMALISCH

Animalisch bedeutet »tierisch«. In der Parfümindustrie beschreibt diese Charakterisierung Duftnoten, die aus dem Tierreich stammen, aber auch synthetische Extrakte, die tierische Sekrete nachahmen. Die bekanntesten Düfte sind Zibet, Moschus, Castoreum und Ambra. Konzentriert riechen sie oft unangenehm und aufdringlich. Sie sind jedoch ein essenzieller Bestandteil in vielen Parfüms, da sie den zarten, blumigen Düften einen ganz neuen Charakter verleihen.

APHRODISIEREND

Duftbestandteile, die das Liebesleben anregen sollen.

ATOMISEUR

Zerstäuber mit Treibgas, der aus ökologischen Gründen immer seltener verkauft und von ökologisch bewussten Käufern gemieden wird.

BALSAME

Damit sind dickflüssige Sekrete von Pflanzen gemeint, die beispielsweise bei der Verletzung der Rinde austreten. Sie können ohne Extraktionsprozess direkt verwendet werden und verströmen einen signifikanten Duft, der »balsamisch« genannt wird. Der Geruchseindruck wird mit süß, weich und warm beschrieben. Orientalische Parfüms werden oft von balsamisch wirkenden Inhaltsstoffen mitbestimmt.

BASISNOTE

Die Schlussnote im Parfüm, die die lang haftenden Bestandteile enthält. Verwendet werden dafür vor allem Holzdüfte, Resine, animalische und kristalline Substanzen.

BLUMIG

Parfüms, die von Blütennoten dominiert werden, heute gut die Hälfte aller Markenparfüms. Darüber hinaus enthalten auch alle übrigen Parfüms einen mehr oder weniger großen Anteil blumiger Komponenten.

BUKETT (BOUQUET)

Ein Gemisch verschiedener Blütennoten wird als Bouquet bezeichnet, häufig der wichtigste Bestandteil der Herznote. Mit Bouquetierung wird die Ausschmückung, Harmonisierung und Abrundung einer Komposition bezeichnet.

CHYPRE

Die französische Bezeichnung für Zypern steht als Sammelbegriff für eine Gruppe von Parfüms, die ihren Charakter durch das Zusammenwirken einer frischen Kopfnote mit einem schweren, erdigen Fond erhalten. Als wesentliche Elemente enthalten sie Eichenmoos, Labdanum und Patchouli. Viele sinnliche Parfüms gehören zur Familie der Chyprenoten.

CITRUSNOTE

Diese Duftnote geht nicht nur auf natürliche Agrumen-Zitrusöle zurück, sondern auch auf synthetische Stoffe, die den frischen Charakter der Citrusöle besitzen.

CONCRÈTE

Festes Produkt, das bei der Extraktion ätherischer Öle entsteht. Daraus wird das Absolue gewonnen.

DESTILLATION

Die Wasserdampfdestillation ist das häufigste Verfahren zur Gewinnung ätherischer Öle. Wasserdampf strömt dabei durch die zu destillierenden Pflanzenteile und löst die ätherischen Öle heraus.

DUFTBAUSTEIN

Damit werden alle Substanzen bezeichnet, die zur Kreation einer Parfümkomposition verwendet werden.

DUFTENTFALTUNG

Die Duftentfaltung eines Parfüms muss drei Kriterien genügen:
1. Abstrahlung beim Öffnen des Flakons,
2. Abstrahlung von der Haut,
3. anschließende Wirkung des Parfüms im Raum.

EAU DE COLOGNE

3- bis 5-prozentige Parfümöllösung in Alkohol.

EAU DE PARFUM

8- bis 15-prozentige Parfümöllösung in Alkohol.

EAU DE TOILETTE

4- bis 8-prozentige Parfümöllösung in Alkohol.

ENFLEURAGE

Aufwändiges Extraktionsverfahren zur Gewinnung ätherischer Öle, die sich nicht durch Destillation gewinnen lassen. In Holzrahmen gefasste Glasplatten werden beidseitig mit Tierfett bestrichen und mit dem Blütenmaterial bedeckt. Die Blüten werden so oft erneuert, bis das Fett mit dem Duftstoff gesättigt ist. Danach wird das Blütenöl mit Extraktionsmitteln herausgelöst. Dieses Verfahren wird heute nur noch selten angewendet.

ERDIG

Ein Duft, der an den Geruch von feuchter Erde erinnert. Ätherisches Öl mit einer erdigen Komponente ist beispielsweise Patchouli. Erdige Akzente tauchen in Parfüms nur sehr dezent auf.

EXTRAKT

Damit wird auch das reine Parfüm bezeichnet, das eine Duftölkonzentration von 15 bis 30 Prozent enthält, gelöst in Alkohol.

EXTRAKTION

Eine moderne Form der Enfleurage. Mit Hilfe von chemischen Lösungsmitteln werden die ätherischen Öle aus den Pflanzen gelöst. Ein Verfahren, das in Grasse bei der Mairose angewendet wird.

FEMININ

Parfüms für Frauen, die meist blumiger und süßer duften als die für Männer.

FIXIERUNG

Dadurch wird verhindert, dass die Duftstoffe zu schnell verfliegen.

Dafür werden vor allem Substanzen verwendet, die selbst nicht sehr stark riechen, aber in der Lage sind, die Flüchtigkeit von Duftstoffen zu verzögern.

FLAKON

Parfümflaschen ohne Zerstäuber.

FLORIENTALISCH

Eine Kombination von blumigen und orientalischen Duftessenzen, die aktuell im Trend liegt.

FL.OZ.

(Fluid Ounce/s) US-amerikanische Maßeinheit von Flüssigkeitsmengen.

100 ml = 3,4 FL.OZ. – 1 FL.OZ. = 30 ml.

FOND

Eine andere Bezeichnung für Basisnote.

FOUGÈRE

Fachbegriff der Parfümindustrie, der die Kombination von blumigen Kopfnoten mit erdigen Basisnoten beschreibt und typisch für Herrenparfüms ist.

129

FRAGRANCE

Eine andere Bezeichnung für Parfüm, Duftkomposition.

FRISCH

Ein weiteres Adjektiv zur Duftbeschreibung, das vor allem wenig süßliche Pflanzendüfte beschreibt, wie Zitrone, Lavendel, Gräser.

FRUCHTIG

Ebenfalls eine Duftbeschreibung, die tatsächlich meist auf Früchte zurückzuführen ist. Sie findet in der Parfümindustrie nur in Nuancen Verwendung.

HAFTFESTIGKEIT

Gut fixierte Duftstoffe haben eine lange Haftfestigkeit, das heißt, sie verflüchtigen nicht so schnell und »haften« lange auf der Haut.

HARMONIE

Wenn die Duftstoffe so aufeinander abgestimmt sind, dass keiner deutlich hervortritt, dann ist die Komposition harmonisch.

HERB

Herbe Duftnoten werden vor allem aus Hölzern und Moosen extrahiert und vorwiegend für maskuline Parfüms verwendet.

HERZNOTE

Duftnote, die bei einem Parfüm auf die Kopfnoten folgt – vor der Basisnote.

HESPERIDEN

Zitrusdüfte werden auch als Hesperiden bezeichnet.

HOLZIG

Herb und holzig geht bei Duftnoten oft ineinander über und, wie der Name schon sagt, werden sie überwiegend aus Hölzern gewonnen, beispielsweise Sandelholz oder Cernholz. Über den Duft hinaus haben sie auch meist gute fixierende Eigenschaften, das heißt, sie verzögern die Flüchtigkeit beispielsweise bei blumigen Noten.

INGREDIENZEN

Inhaltsstoffe eines Parfüms.

INZENS

Anderer Begriff für Weihrauch, der aus Harzen oder Balsam gewonnen wird und beim Verbrennen ein würziges Aroma entfaltet.

JASMINIG

Alle Parfüms, deren Duft vorwiegend von Jasmin geprägt ist, werden als »jasminig« bezeichnet.

Kölnisch Wasser

Eine etwa 3- bis 5-prozentige Parfümöllösung in niedrigprozentigem Alkohol, basierend auf leicht flüchtigen Ölen. Es soll vor allem erfrischend wirken.

Körper

Eine andere Bezeichnung für die Herznote.

Komposition

Kombination verschiedener Duftstoffe zu einem Parfüm.

Koniferig

Duftstoffe aus Nadelhölzern, die auch deutlich an solche erinnern. Diese Öle werden vor allem für Bäder verwendet, aber auch für maskuline Düfte.

Kopfnote

Der Duft, der zuerst einem Parfüm entströmt.

Kreation

Zusammenstellung einer neuen Parfümölkomposition.

Maskulin

Ein subjektiver Dufteindruck mit herben Akzenten.

Mazeration

Schonendes Extraktionsverfahren, bei dem mit Hilfe von Alkohol und/oder Fett den Pflanzen die Duftstoffe entzogen werden.

Minzartig

Alle Duftnoten, die an Minze erinnern, besonders für Kopfnoten geeignet.

Moosig

Neben ihren erdigen Duftnuancen sind diese Düfte vor allem wegen ihrer stark fixierenden Wirkung wichtig für ein Parfüm. Sie werden als Basisnote verwendet und geben dem Parfüm eine besondere Fülle.

Nase

Schöpfer neuer Duftkompositionen.

Orientalisch

Orientalische Parfüms enthalten vor allem Gewürze, Balsame, Wurzelextrakte und animalische Komponenten.

Parfüm

Wertvollstes Duftwasser, enthält eine 15- bis 30-prozentige alkoholische Lösung von Parfümölen.

Parfümöl

Mischung verschiedener reiner Duftöle.

Pheromone

Natürliche Botenstoffe, die beispielsweise als Sexuallockstoffe bei Insekten eine wichtige Rolle spielen und auch in Parfüms verwendet werden.

Pudrig

Weitere Duftbeschreibung für einen Duftkomplex, der durch das Zusammenwirken verschiedener, meist herber Einzeldüfte entsteht.

Rauchig

Beispielsweise Birkenteeröl verströmt einen rauchigen Duft.

Resinoide

Extrakte aus Harzen.

Rohstoffe

Beispielsweise ätherische Öle.

Rosenöl

Eines der wichtigsten und teuersten ätherischen Öle, essenzieller Bestandteil der meisten Parfüms.

Schwer

Parfüms, die von schwerflüchtigen Duftstoffen geprägt sind.

Sinnlich

Kompositionen, die von orientalischen, animalischen, exotischen und süßen Düften geprägt sind.

Süss

Beispielsweise die Vanilleschote und die Tonkabohne liefern süße Duftnoten.

Tabaknoten

Kommt nicht unbedingt vom Tabak, die Duftnoten erinnern aber an Tabak und werden für maskuline Parfüms verwendet.

Vaporisateur

Pumpzerstäuber ohne Treibgas.

Warm

Hat nichts mit der tatsächlichen Temperatur eines Parfüms zu tun, sondern mit dem Duftcharakter, er soll an körperähnliche Gerüche erinnern.

Würzig

Aus fast allen bekannten Gewürzpflanzen werden ätherische Öle für die Parfümindustrie gewonnen. Ihre Duftnote wird als würzig bezeichnet.

10
Die Rose von Paris

*D*ie Pariser Luft ist alles andere als rosig, aber eindeutig anders, einzigartig. Das Flair der Metropole ist im Zentrum überall zu spüren. Paris und Mode sind nicht zu trennen: Hier werden die Trends gesetzt. Es verblüffte mich, dass die Blumen, vor allem Rosen, die Modewelt wieder erobert hatten. In einer Zeit, als bei uns Blumendekors zur Mode vergangener Tage zählten, hatte Paris Blumen längst wieder entdeckt.

Aber auch auf meinen täglichen Wegen stieß ich überall auf Rosen: Zum Institut ging es durch den Rosengarten der Botanischen Universität und meine Kolleginnen folgten modisch dem Rosentrend.

Nach Dienstschluss schlenderte ich meist durch die Gassen des Studentenviertels und trank in einem der Bistros einen Kaffee. Nachdem ich schon irgendwie zum Straßenbild dazugehörte, sprach mich eine Frau auf Deutsch mit breitem schwäbischem Akzent an. Sie wohne hier und habe mich jetzt schon öfter gesehen und frage sich, was ich wohl machen würde. Als ich zunächst etwas verblüfft reagierte, weil ich mir eingebildet hatte, sehr französisch zu wirken, zumindest solange ich meinen Mund nicht aufmachte, deutete sie nur kurz auf mein deutsches Buch. Meine Gesprächspartnerin stellte sich – wie sollte es anders sein – als Rosie vor, die aus dem badischen Lörrach ausgezogen war, um in der Stadt ihrer Träume, der Stadt der Mode, der Stadt der Liebe zu wohnen und als Designerin zu arbeiten. Rosie – nomen est omen – entwarf Rosen und andere Blüten für Stoffe. Sie arbeitete für ein großes Pariser Studio und zeichnete den ganzen Tag Blumen, darunter wunderschöne Rosen.

Rosen in der Mode

Die Königin der Blumen hat die Weltmetropole der Mode wiedererobert. Nach Jahren der Haute Couture in strengen Formen war die Romantik zurückgekehrt – und was wäre Romantik ohne Rosendesign.

Vor allem der französische Designer Christian Lacroix verzauberte damit sein Publikum und seine Kundinnen. Rosendesign, Volants, Rüschen und Spitze prägten seine Kollektion, die der Designer als eine »Rückkehr zu den Wurzeln« bezeichnete. Tatsächlich prägte die Rose in fast allen Epochen die Mode, ob Rüschen oder Rosendesign, die Königin der Blumen stand Pate. Lacroix kreierte sogar einen roten Trenchcoat, der mit pinkfarbenen Rosen durchwebt und mit zahlreichen Volants verziert war.

Lacroix lässt sich vom mediterranen Leben inspirieren: Sonne, Nelken, Rosen, bunte Drucke, das kann für alle Ewigkeit neu entdeckt werden, ist Lacroixs Motto. Auch Givenchy, Lagerfeld, Valentino und zahlreiche andere Modeschöpfer greifen immer wieder auf die Rose zurück, auch bei ungewöhnlichen Kombinationen mit dem romantischen Muster: Neben feenleichten Flatterkleidern ist auch manche sehr maskuline Kleidung mit Rosenmustern oder Spitze versehen.

Manche Kleider glitzern mit Pailletten und Strass, andere haben aus Tüllrosen geformte Korsagen oder sind aus rotem Musselin. Und fast alle Designer bieten eigene Duftkreationen an, die von der Rose dominiert werden.

Von Haute Couture war Rosie noch weit entfernt, sie entwarf Dekostoffe für große Modehäuser. Die Wahlpariserin zeigte mir nicht nur Fotos ihrer »rosigen« Entwürfe, sondern auch die »rosigen« Seiten von Paris. Wir schlenderten durch Gärten, vorbei an den Rosenbeeten und klapperten im Laufe der Zeit fast alle Pariser Parks ab. Wir flanierten durch die Tuilerien-Gärten Richtung Louvre, über den Cour Napoléon, die geschichtsträchtigen Alleen im Schatten des einstigen Palastes. Das mittelalterliche Palais blickt auf eine wechselhafte Geschichte zurück. Nach mehrfacher Umwidmung und Zerstörung wurde der Louvre erst durch Napoleon wieder zum kaiserlichen Palast. Wir spazierten an den Rosen im einstigen Schlossgarten vorbei und Rosie erzählte mir von ihrer Namensvetterin, die hier einst residierte:

Die Rosenkaiserin

Es war niemand Geringeres als die Frau von Napoleon Bonaparte, Kaiserin Josephine, die auf den französischen Antillen zur Welt kam und auf den Namen Marie Josèphe Rose Tascher de la Pagerie getauft und Marie-Rose genannt wurde. Doch nicht nur ihr Name steht für die Blume der Liebe, sie war auch eine begnadete Rosengärtnerin. Nur Napoleon zuliebe änderte Marie-Rose ihren Namen und ließ sich fortan Josephine nennen. Doch ihre Liebe zu den Rosen konnte Napoleon ihr nicht austreiben, obwohl er selbst ein Fan von Veilchen war. Josephine pflegte ihre Rosenliebe und gab Unsummen für den Ankauf neuer Sorten aus. Keine andere Kaiserin hatte einen so großen Einfluss auf Kultur und Züchtung von Gartenrosen wie sie. Rosen wurden nach ihr benannt und sie selbst ging als Rosenkaiserin in die Geschichte ein.

Die schöne, kluge und moderne Frau hatte sich nach sechs Ehejahren von ihrem ersten Mann getrennt, der sie ständig betrog, und zog nach Croissy-sur-Seine, das heute leicht mit der S-Bahn zu erreichen ist. Dort entdeckte sie das verlassene Schlösschen Malmaison. Warum das Anwesen, das erstmalig im 6. Jahrhundert erwähnt wurde, verlassen war und auch noch »schlechtes Haus« hieß, ist bis heute nicht in Erfahrung zu bringen. Das alles hielt die alleinerziehende Mutter jedoch nicht davon ab, das Anwesen zu erwerben – zumindest anzuzahlen.

Marie-Rose verwandelte den Garten von Malmaison in einen Rosengarten und ließ das Haus restaurieren, was sie in hohe, unbezahlbare Kosten stürzte. Kurz nach dem Tod ihres Mannes hatte sie Napoleon Bonaparte kennengelernt, 1796 heirateten sie. Napoleon forderte von Marie-Rose die Namensänderung und ein Veilchenbrautkleid.

Er kreierte aus ihrem zweiten Vornamen Josèphe den Namen Josephine. Die Hochzeit war vor allem für Napoleon aus strategischen Gründen wichtig, für Josephine aus finanziellen. Er übernahm die Schulden von Malmaison und adoptierte ihre Kinder. Nachdem die politisch engagierte Frau der Kriegsführung ihres Gatten immer weniger abgewinnen konnte, widmete sie sich mehr und mehr der Haus- und Gartenarbeit. Nach und nach legte die inzwischen zur französischen Kaiserin gekrönte Josephine den umfangreichsten Rosengarten an, den Frankreich bis dahin gesehen hatte. Sie häufte einen enormen Schuldenberg auf, für den sie nach der Scheidung von Napoleon selbst geradestehen musste. Josephine erwarb sämtliche damals erhältlichen Rosensorten und ließ neue züchten. Von dem Künstler Pierre Joseph Redouté ließ Josephine ihre Rosen verewigen. 1805 wurde er von der Kaiserin zum Hof- und Blumenmaler ernannt. Auch nach ihrem Sturz blieb er Josephine als Künstler erhalten. 20 Jahre später erschien die heute weltberühmte Monographie *Les Roses*.

Im kaiserlichen Palais in Paris fühlte sich Josephine stets unwohl, allein der Gedanke, im Bett von Marie-Antoinette zu nächtigen, ließ sie frösteln. Malmaison war stets ihre Heimat, ihr Rückzugsort. Im Gegensatz zu den Rosen teilte Napoleon die Liebe zu diesem nahe gelegenen Landsitz. Heute ist Château de Malmaison ein Museum, nur der Rosengarten, einst der bedeutendste von ganz Frankreich, blieb nicht erhalten. Ein Teil der Rosen wanderte ins Marne-Tal, in das Rosarium du Val-de-Marne in L'Haÿ-les-Roses. Über 3000 Rosensorten und -arten wurden dort von Jules Gravereaux in der Kunst des Jugendstils angelegt: eine Erinnerung an die Rosenkaiserin, mit einigen Exemplaren, die tatsächlich Malmaison entstammen. Gegliedert ist das Rosarium in 13 Abschnitte, vom formalen Rosengarten bis zum Bauerngarten lässt es für die Rosenfreundin oder den Rosenfreund keine Wünsche offen. Es ist ein Rausch für die Sinne und eine Rosenreise wert und vergleichbar mit der Rosensammlung im deutschen Sangershausen.

Die Rosette

Die Spaziergänge und Museumsbesuche mit Rosie schärften meinen Blick für die vielfältigen natürlichen und künstlerisch gestalteten Rosen in Paris. Am meisten faszinierten mich die Rosettenfenster von Notre-Dame. Die Fenster »der kleinen Rose« sind in der Kathedrale keinesfalls klein. Sie sind vielmehr riesig, kreisrund, aus wunderschönem Buntglas und strukturiert wie eine Blüte. Rosettenfenster sind typisch für die Bauweise von Kathedralen im Mittelalter. Wenn die Sonne durch das Buntglas der Fensterrosen dringt und die Strahlen ins Innere der Kathedrale fallen, sollen Menschen, die dieses Licht erfasst, gefesselt und fasziniert sein. Der Fensterrose wird nachgesagt, eine starke, suggestive und meditative Wirkung zu haben. Bei Sonnenschein wirken die Fenster überaus prächtig, fast majestätisch, schön, beruhigend und harmonisch. Sie sollen die Vollkommenheit der sich nach allen Seiten ausbreitenden Liebe des Göttlichen darstellen. In der kunstvollen architektonischen Struktur der Rosette spielen häufig Elemente der Zahlen- und Kreissymbolik eine Rolle. In Dan Browns Roman *Sakrileg* führen Rosenlinie und Rosensymbolik den Leser/die Leserin durch Paris zu verschiedenen Sehenswürdigkeiten, Zentrum ist der Louvre. Gerade in diesem geschichtsträchtigen Museum ist die Symbolik der Blumen, insbesondere der Rosen, in allen Epochen zu erkennen. Guiseppe Arcimboldos Blumengesichter der vier Jahreszeiten wären ohne Rosen nicht denkbar, sein *Frühling* ist von der Rose geprägt. Sandro Botticelli spielt in seinen Werken mit der Symbolik der Rose, berühmt vor allem die *Geburt der Venus*. Sir Lawrence Alma-Tadema widmete sich der Historienmalerei und stellte vor allem das Leben im alten Rom dar, wobei die Rose in seinen Bildern eine zentrale Rolle spielt. Fast in jeder Epoche ist die Rose ein wichtiges Element in der Kunst, Symbolik und Farben bieten unendlichen Spielraum.

Die Goldene Rose

Völlig unerwartet kam für mich eine andere »rosige« Begegnung in Paris: Im Musée de Cluny machte ich Bekanntschaft mit der Goldenen Rose, *Rosa aurea*. Die Verleihung der »Goldenen Rose« stammt, genau wie die Rosettenfenster, aus dem frühen Mittelalter. Es handelt sich dabei um eine aus Gold geschmiedete Blüte, die mit wohlriechenden Essenzen gefüllt ist. Die Goldene Rose wurde und wird immer noch im Auftrag des Papstes angefertigt und einer Persönlichkeit, die sich besonders um die katholische Kirche verdient gemacht hat, verliehen. Eines der ältesten erhaltenen Exemplare, das Anfang des 14. Jahrhunderts von Papst Clemens V. dem Fürstbischof von Basel überreicht wurde, ist im Musée de Cluny ausgestellt. Papst Innozenz III. verglich die Goldene Rose mit Jesus: Wie die Rose aus Gold, Moschus und Balsam bestehe, so existiere auch Jesus aus drei Substanzen, aus dem Göttlichen, der menschlichen Seele und dem menschlichen Körper. Er hätte den Vergleich auch mit der echten Rose ziehen können, der idealen Gestalt einer Blume, dem Wohlgeruch und der heilenden Essenz, die in ihr enthalten ist. Ursprünglich war diese Auszeichnung Männern vorbehalten, als sie 1386 das erste Mal einer Frau verliehen wurde, der Königin Giovanna von Sizilien, wurde sie Tugendrose genannt. Später wurde sie auch Wallfahrtsorten verliehen, zuletzt 2004 an Lourdes.

Ich muss gestehen, unsere Streifzüge durch Paris führten nicht nur in Museen und Gärten, wir genossen das Abendleben im Quartier Latin und gingen shoppen – was wegen unseres schmalen Budgets nicht sehr extensiv betrieben werden konnte. Die Streifzüge hatten »rosige« Konsequenzen: Neben ein paar Kleidungsstücken mit Rosendekor lernte ich auch den Rosen-Kir kennen: Rosenlikör mit Sekt aufgegossen als Aperitif.

11

Rosen, nichts als Rosen

Bis zu meinen Rosenfilmen kreuzte die Rose meinen Weg mehr oder weniger zufällig – falls es Zufälle im Leben überhaupt gibt. Je tiefer ich mich in die Materie einarbeitete, desto mehr Neues und Unbekanntes förderte ich zutage. Es war zunächst die nähere Umgebung, die mich »rosig« überraschte. Im Frankfurter Palmengarten ist es nicht nur die Vielzahl an Rosensorten, die besticht, sondern vor allem die Gartenarchitektur des Rosengartens. Im Zentrum steht das Haus Rosenbrunn, ein Pavillon, der an Gartenhäuser erinnert und im Stil des ausgehenden 19. Jahrhunderts errichtet wurde. Bereits kurz nach Gründung des Palmengartens im Jahre 1868 wurde der Rosengarten angelegt. Das Erste, was der Besucher nach dem Passieren des Haupteingangs sieht, ist dieser klassische Rosengarten mit dem Pavillon. Der Blick durch die Türen und Fenster ist einzigartig und eröffnet in jede Richtung ein völlig anderes Bild. Von dem kleinen Gebäude führen Wege sternförmig durch den Rosengarten. Die Rosenbeete selbst wurden thematisch bepflanzt: Duftrosen, alte Rosensorten und vieles andere mehr.

Nachfolgend ein kurzer Überblick über die wichtigsten historischen Rosen. Bei den aufgeführten Rosensorten handelt es sich um Gruppen, die in zahlreichen Varianten im Handel sind und sich vor allem in ihrer Blütenform unterscheiden.

Weisse Rose – *Rosa alba*
Duftrose, wurde schon in der klassischen Epoche kultiviert, wahrscheinlich stammt sie von unserer Gartenrose ab, der *Rosa canina*. Es gibt zahlreiche Varianten mit ausgefallenen Namen wie »Jeanne d'Arc« oder »Belle Amour«. Sie blüht im Juni/Juli und wird auch zur Herstellung von Rosenöl verwendet.

DAMASZENERROSE – *Rosa damascena*

Stark duftend, wurde ebenfalls schon in der Antike kultiviert, kommt aus Kleinasien und geht auf die Apothekerrose, die *Rosa gallica*, zurück, wahrscheinlich gekreuzt mit der Wildrose *Rosa moschata*. Die Blütenkelche und -stiele haben klebrige Drüsen.

FUCHSROSE – *Rosa lutea*

Geht auf *Rosa foetida* zurück und stammt ebenfalls aus Asien. Charakteristisch bei dieser Gruppe ist die Farbe Gelb. Aus ihren Varietäten entstanden alle modernen gelben und orangefarbenen Gartenrosen. Sehr winterhart und frühe Blüte.

ESSIGROSE – *Rosa gallica*

Stammt von der gleichnamigen Wildrose ab; die Variante *officinalis*, die Apothekerrose, wurde im Mittelalter für Heilzwecke angebaut. Die stark duftende Rose ist wenig krankheitsanfällig und gut winterhart. Sie wird in allen Purpurschattierungen angeboten.

HUNDERTBLÄTTRIGE ROSE – *Rosa centifolia*

Geht wahrscheinlich auf vier verschiedene Wildrosen zurück, die miteinander gekreuzt wurden. Charakteristisch sind die üppigen Blüten mit tatsächlich um die hundert Blütenblättern. Ebenfalls sehr stark duftend und in Farbschattierungen von Weiß bis Dunkelrot, wobei die Rosatöne dominieren. Eine Untergruppe der Centifolien sind die Moosrosen, die auf die Centifolien zurückgehen, sich aber durch starken Drüsenbewuchs an Kelch, Stiel und Blättern auszeichnen, die diesen Rosen ein charakteristisches Aussehen verleihen.

PORTLANDROSEN

Niedrig wachsende Rosen, die Ende des 18. Jahrhunderts in Italien gezüchtet wurden und sich außer der Wuchsform durch ihre lange Blüte auszeichnen. Oft blühen sie im späten Herbst noch nach und verbreiten ihren schweren süßen Duft. Farbe: Rosé bis Rot.

CHINAROSE – *Rosa indica semperflorens*

Kommt, wie der Name schon sagt, aus Indien und China und zeichnet sich vor allem durch eine zweite Blüte im Spätherbst aus. Lässt sich auch gut in Kübel pflanzen. Die Sorte *Fragans* wird als Teerose bezeichnet und es gibt sie ebenfalls in verschiedenen Varianten. Ihre süß duftenden Blüten wurden in China wahrscheinlich zur Aromatisierung von Tees verwendet.

MOSCHUSROSE – *Rosa moschata*

Stammt wahrscheinlich auch aus Indien oder China und zeichnet sich durch eine besonders dauerhafte Blüte aus. Die ungefüllten Formen erinnern an Wildrosen.

KARTOFFELROSE – *Rosa rugosa*

Ursprünglich aus Japan, ihr Name kommt wahrscheinlich von den runzeligen Blättern. Eine sehr robuste und salztolerante Sorte, die gern in Meeresnähe angepflanzt wird.

WEINROSE – *Rosa rubignosa*

Stammt von der gleichnamigen in Europa heimischen Wildrose ab und zeichnet sich durch stark duftendes Laub aus. Eignet sich gut als dichte Hecke.

Fast alle Varianten gibt es auch als Kletter- oder Schlingrosen, die so genannten Rambler. Schlingrosen können sich im Gegensatz zu Kletterrosen alleine an einer Kletterhilfe emporranken. Sie können diesen schnellwüchsigen Rosensorten aber auch den Weg weisen. Die Triebe sind sehr elastisch und gebogene sollen sogar stärker blühen.

Im Frankfurter Palmengarten können Sie diese Sorten zwar bewundern, aber für die Gestaltung des eigenen Gartens oder der Terrasse geht nichts über einen Besuch des deutschen Rosenzentrums Steinfurth im »Tal der Rosen« in der Wetterau. Die Steinfurther Rosen sind weit über Deutschlands Grenzen hinaus bekannt. Schon vor mehr als 100 Jahren galt der Ort als Pendant zum bulgarischen Kasanlak und dem dortigen »Tal der Rosen«. Neben den zahlreichen Gärtnereien sind das Rosenmuseum und die Konditorei »Hinnerbäcker« eine besondere Attraktion. Ein Geheimtipp in den Sommermonaten ist die Rosentorte der Konditorei.

Für meine Recherchen setzte ich mich quasi inkognito auf die von Rosen umrankte Terrasse des zur Konditorei gehörigen Cafés und ließ mir ein Stück der Rosentorte bringen. Die Kombination aus Himbeeren mit zartem Rosenaroma, umhüllt von feiner Vanillecreme mit einem Hauch Rosenöl, schmeckte köstlich. Das genaue Rezept blieb Betriebsgeheimnis, aber der Chef zeigte mir bereitwillig die Zutaten und führte mich in den Nachbargarten, in dem zahlreiche Duftrosen chemiefrei ihre Pracht entfalten. Vor der Zubereitung einer Rosentorte kletterte der Chef höchstpersönlich mit einem Körbchen in Nachbarins Garten – selbstverständlich mit deren Einverständnis – und erntete ganz frisch Rosenköpfchen mit besonders kräftigem Duft. Der Garten gehört keinem Geringeren als der Familie Löw von und zu Steinfurth, der ältesten Familie des Dorfes, die schon im 14. Jahrhundert erwähnt wurde. Sie hatte sich von ihrem Besitz zurückgezogen, ist aber seit vielen Jahren zurückgekehrt, verwandelte ihr Gut in ein Rosengut und trug zur Umwandlung Steinfurths in ein Rosenzentrum bei (www.gartenhof-loew-zu-steinfurth.de). Die Familie Löw von und zu Steinfurth hat schon früh einen anderen Weg als die traditionellen Rosengärtner eingeschlagen und sich auf Rosen in Kombination mit Kräutern spezialisiert und bietet in ihrem Gutshof zahlreiche Veranstaltungen an.

Nachdem die Rosen geerntet waren, erlaubte mir der Meister der Rosentorte, ihre Fertigstellung zu filmen. Er pürierte dafür die frischen Rosen mit Rosenwasser und Himbeermarmelade und strich sie anschließend auf den halbierten Tortenboden. Die fertige Torte verzierte er mit einer hellen Buttercreme und gezuckerten Rosenblütenblättern. Wir kamen über die Geschmacksnuancen der Rosenblütenblätter und das Dilemma, an ungespritzte Rosenblüten zu kommen, ins Gespräch. Dabei erzählte er von einem biologischen Rosengärtner in Steinfurth, der die Rose auch als Nutzpflanze anbaut: Werner Ruf (www.rosenschule-ruf.de). Er baut gemeinsam mit seiner Frau Sabine biologische Rosen an und zeigte mir bereitwillig sein Rosenfeld. Zwischen Rosenbüschen watschelten Gänse, die das Unkraut im Zaum hielten, in den Ecken standen Sud-Ansätze, mit denen die Schädlinge ferngehalten werden sollen. Bei der Zucht von Rosenbüschen legen die Rufs besonderen Wert auf Duft und Aroma der Rosensorten. Alle ihre Pflanzen haben das Bioland-Siegel, und geeignete Kräuter zur Beipflanzung haben die Rufs ebenfalls im Sortiment, vor allem solche zur Vertreibung von Schädlingen oder zur aromatischen Ergänzung des Rosendufts.

Die Rufs waren mit die ersten Rosenbauern, die sich der giftfreien Zucht und Aufzucht verschrieben hatten. Inzwischen gibt es aber noch andere Bio-Rosenbauern, nicht nur in Steinfurth. Ich konnte noch einen Rosenbauern mit sehr interessantem Sortiment im Schwarzwald ausfindig machen. Der Rosenhof im Taubertal von Reinhold Schneider (www.rosenhof-taubertal.de) hat sich ganz auf die duftenden Seiten der Rose konzentriert und geht sogar noch einen Schritt weiter: Er destilliert auch Rosen und stellt selbst Rosenwasser her.

Auf dem Rosenhof im Taubertal werden keine Zierrosen angebaut, Schneider konzentriert sich auf das kulinarische, kosmetische und medizinische Potenzial der Rose.

Im Rosenmuseum in Steinfurth ist auf anschauliche Weise dokumentiert, wie die Bauern vom Kartoffelanbau zur Rosenzucht kamen und sich das Dorf dadurch zum Rosenzentrum entwickelte. Die Geschichte hört sich fast wie ein Märchen an:

Die Schultheisbrüder

Es waren einmal drei Brüder, die lebten glücklich und zufrieden in der wohlhabenden Pächterfamilie Schultheis im hessischen Steinfurth – bis einer auszog, die Rosenwelt zu entdecken. Der junge Heinrich reiste 1868 nach England und erlernte fleißig die Kunst des Rosenanbaus. Alle freuten sich, als der »verlorene« Sohn wieder zurückkehrte, und hofften, dass ihm die beschwerliche Reise seine Flausen ausgetrieben hätte. Doch der gute Sohn kehrte heim, um seine Familie zu bekehren und vom Rosenanbau zu überzeugen. So einfach, wie Heinrich sich das vorgestellt hatte, war es allerdings nicht. Der Vater wollte seinen alteingesessenen Betrieb nicht umkrempeln. Daher bekniete Heinrich seinen Vater, dass er ihm doch wenigstens ein Stückchen Land für seine Rosen zur Verfügung stellen soll. Der Vater, der seinem Sohn bislang jegliche Unterstützung verweigert hatte, bekam ein weiches Herz und gab dem Sohn ein Fleckchen für Rosen. Die Brüder lernten eifrig bei Heinrich, die Rosen vermehrten sich ebenso eifrig und brachten auch dem skeptischen Vater bald viel Geld ein. Und Heinrich wurde als Rosenkönig im ganzen Land berühmt.

Und wenn sie nicht gestorben sind, dann züchten sie noch heute ihre Rosen.

Das tun sie tatsächlich noch, die Familie Schultheis, die Nachkommen des dickköpfigen, erfolgreichen Heinrich.

Viele andere Bauern haben es ihm nachgetan und ihren Betrieb auf Rosen umgestellt. Die Schultheis-Brüder versuchten sich sogar in der Kunst des Destillierens, aber der Anbau von Zierrosen war ein deutlich besseres Geschäft und die Destillation wurde bald eingestellt. Ende des 19. Jahrhunderts war die Firma Schultheis die bedeutendste Rosengärtnerei Deutschlands. Ihre Sammlung alter Rosensorten hat Seltenheitswert und es gibt wahrscheinlich keine Sorte mit all ihren Facetten und Eigenheiten, die Schultheis nicht kennt. Oder umgekehrt, man braucht ihm nur eine Rose zu beschreiben, was Duft, Farbe, Größe und Vielblättrigkeit angeht – Schultheis weiß sofort eine passende Sorte. Er kennt jeden Trick der Rosenzüchter und züchtet ständig neue Sorten. Inzwischen bietet er sein Sortiment auch online an: www.rosenhof-schultheis.de.

Die Geschichte der Familie Schultheis ist die Geschichte eines ganzen Dorfes, die im Rosenmuseum dargestellt ist. Das Museum hat aber noch viel mehr zu bieten. Neben zahlreichen rosigen Veranstaltungen gibt es eine Dauerausstellung zu einem Thema, das sich auch nicht der unschönen Geschichte der Rose im Nationalsozialismus verschließt. Die Nazis führten den »Tag der Deutschen Rose« ein, beuteten die Rosenbauern durch Sanktionen aus und nutzten das Rosenfest als Propagandaspektakel. Gleichzeitig formierte sich der Widerstand der Geschwister Scholl unter dem Zeichen der Weißen Rose, die für die wahre, reine Liebe in allen Religionen steht, sie soll den Verfolgten und Unterdrückten symbolisch Kraft verleihen.

Trotz des Stigmas, das dem Rosenfest seit dem Nationalsozialismus anhaftete, waren es die Amerikaner, die nach dem Krieg auf die Wiedereinführung des Rosenfestes drängten, das seit 1949 wieder gefeiert wird. Die bewegte Vergangenheit dieses Festes ist ebenfalls im Rosenmuseum in der Dauerausstellung zu sehen. Das Rosenmuseum ist ganz besonders reizvoll, wenn der große Ansturm zur Rosenblüte vorbei ist und noch die letzten Blüten an die intensive Rosenzeit erinnern. Dann ist nicht nur das Museum nicht mehr so stark frequentiert, es ist auch eine gute Zeit, Rosenstöcke zu kaufen und zu pflanzen.

Rosenfeste kamen im ausgehenden Jugendstil wieder in Mode. Sowohl nach Steinfurth als auch in den Frankfurter Palmengarten kommen Besucherscharen von weit her zum Rosenfest angereist. Botanische Hauptattraktion im Palmengarten ist die Rosenausstellung in der Galerie am alten Palmenhaus, eine einzigartige Zusammenstellung von Schnittrosen. Hunderte, wenn nicht Tausende der unterschiedlichsten Sorten, Farben und Düfte werden dort von Floristen kunstvoll arrangiert. Außerdem gibt es zahlreiche Lesungen, Vorträge und Vorführungen rund um die Rose – Höhepunkt der Veranstaltung ist die Illumination des Palmengartens. Tausende Teelichter werden zu riesigen Bildern arrangiert und bei Anbruch der Dunkelheit entzündet. Jeder Besucher kann Teelichter mitbringen und seine eigenen Bilder gestalten.

Das Rosen- und Lichterfest brachte mich auf die Idee, mich bei allen, die mir bei meinen Rosenrecherchen geholfen hatten, mit einem ganz privaten Rosenfest zu bedanken. Die Speisefolge reichte vom Rosen-Kir über Pasteten mit Hagebuttenmus bis zur Rosentorte. Inspiriert von dem römischen Brauch, den Fußboden mit duftenden Rosenblüten zu bedecken, verstreute ich so viel Rosenblüten auf dem Parkett, wie ich bekommen konnte. Ich weiß nicht mehr, wer mich darauf aufmerksam machte, aber irgendjemand sagte im Laufe des Abends, dass glücklicherweise keine Muslime anwesend seien. Im ersten Augenblick stutzte ich, dann wurde mir schlagartig klar: Im Islam ist es eine große Sünde, Rosenblüten mit den Füßen zu betreten. Dem islamischen Mythos zufolge ist die Rose aus den Schweißtropfen Mohammeds bei dessen Himmelfahrt entstanden und heilig. Außerdem heißt es in einer weiteren Überlieferung: »Wenn der Prophet eine Rose sah, küsste er sie, legte sie auf seine Augen und sagte: Die rote Rose ist ein Teil von Gottes Glorie.« Mohammed wurde auch als die sich sehnende Nachtigall gesehen, die den Gläubigen etwas vom Geheimnis Gottes, der ewigen Rose, enthülle. Für einen gläubigen Muslim gehen durch die unmittelbare Verbindung der Rose mit dem Propheten Mohammed reinigende Geisteskräfte von der Rose aus. Rosenwasser hat eine wichtige Bedeutung bei den Reinigungsritualen, beispielsweise werden Moscheen mit Rosenwasser gesäubert, bevor die Gläubigen sie betreten dürfen. Es heißt, als Saladin 1187 Jerusalem zurückeroberte, blieb die von Kreuzrittern als Kirche genutzte Moschee so lange geschlossen, bis sie komplett mit Rosenwasser gereinigt war. Säulen, Fenster, Wände, Boden und sogar den Felsen, auf dem sie erbaut wurde, hatten die Gläubigen mit Rosenwasser bearbeitet. 500 Kamele sollen notwendig gewesen sein, um das Rosenwasser zu transportieren. Erst nach der kompletten Reinigung mit Rosenwasser durfte sie wieder als Moschee genutzt werden.

Eine Geschichte wie aus 1001 Nacht, der Zauber des Orients hatte mich gefangen.

Hier eine Auswahl der interessantesten Rosengärten in Deutschland, der Schweiz und Österreich sowie Adressen aus Steinfurth:

ROSENGARTEN IM PALMENGARTEN FRANKFURT

Siesmayerstraße 61

Tel.: 0 69 21 23-33 82

Fax: 0 69 21 23-78 36

E-Mail:

info.palmengarten@stadt-frankfurt.de

Formaler Rosengarten nach traditionellen Vorbildern in geometrischer Form. Der im Westen von einer Pergola abgeschlossene Rosengarten ist ein Wechselspiel von Beeten, Rasenflächen und Wegen. Themengärten (z. B. mit Duftrosen oder so genannten »Alten« Rosen) schließen sich nördlich und südlich an.

STRAUCHROSENHANG KARBEN

Büdesheimer Straße

(am Friedhof Klein-Karben)

Kontakt und Anmeldung für Führungen: Herr Berster

Tel.: 0 60 39 4 33 49

61184 Karben

Wunderschöner Rosenhang in Karben in der Wetterau. Große Sammlung Alter Rosen, vor allem Duftrosen. Entstand in Privatinitiative von Ralf Berster. Rosenpflanzung von 700 historischen Rosen und Wildrosen, die sich in der freien Natur behaupten sollen.

Steinfurth – Rosenzentrum Deutschland

Bad Nauheim-Steinfurth in der Wetterau ist traditionelles Rosenanbaugebiet in Deutschland. Zahlreiche Rosenfirmen sind im »Rosendorf« ansässig, außerdem ein Rosenmuseum und eine Konditorei, die Rosentorte anbietet. Im Zweijahresturnus findet das Rosenfest mit Rosenkorso und Wahl der Rosenkönigin statt.

Rosenzüchter in Steinfurth

ROSEN GÖNEWEIN

Steinfurther Hauptstraße 1–5

61231 Bad Nauheim-Steinfurth

Tel.: 0 60 32 8 51 81

Fax: 0 60 32 8 72 16

E-Mail: info@rosen-goenewein.de

Moderne Rosen, viele Stammrosen, Schaugarten, Webseite.

ROSEN UNION E.G.

Steinfurther Hauptstraße 25–27

61231 Bad Nauheim-Steinfurth

Tel.: 0 60 32 96 53 01

Fax: 0 60 32 8 62 20

Vertrieb für Rosenzüchter aus mehreren Ländern, kostenloser Katalog, Schaugarten.

Rosenschulen Weihrauch

Steinfurther Hauptstraße 53
61231 Bad Nauheim-Steinfurth
Tel.: 0 60 32 8 22 17
Fax: 0 60 32 8 75 94
Historische Rosen und eigene Züchtungen.

Rosenhof Schultheis

Bad Nauheimer Straße 3–7
61231 Bad Nauheim-Steinfurth
Tel.: 0 60 32 8 10 13
Fax: 0 60 32 8 58 90
E-Mail: Infos@Rosenhof-Schultheis.de
»Die« Adresse für Alte Rosen und Duftrosen, außerdem eigene Züchtungen und Verkauf von Accessoires und Rosenkosmetik.

Bioland-Rosenschule Ruf

Zum Sauerbrunnen 35
61231 Bad Nauheim-Steinfurth
Tel.: 0 60 32 8 18 93
Fax: 0 60 32 8 23 75
E-Mail: info@rosenschule-ruf.de
Kultiviert alle Rosen ohne chemische Hilfsmittel wie Dünger oder Schädlingsbekämpfungsmittel, verkauft außerdem Rosenblätter und Rosenprodukte.

Rosenmuseum Steinfurth

Alte Schulstraße 1
61231 Bad Nauheim-Steinfurth
Tel.: 0 60 32 8 60 01
Fax: 0 60 32 8 79 15
Dieses speziell den Rosen gewidmete Museum zeigt die Kulturgeschichte der Rosen und des Rosenanbaus in Steinfurth, außerdem Exponate der wichtigsten Produkt- und Stilgruppen.

Bäckerei Hinnerbäcker OHG

Im Steckgarten 8
61231 Bad Nauheim-Steinfurth
Tel.: 0 60 32 9 61 60
Fax: 0 60 32 8 30 10
Inmitten des Rosendorfes Steinfurth gelegen, drehen sich in dieser Hinnerbäcker-Filiale, dem früheren Stammsitz des Unternehmens, im Sommer alle Spezialitäten um die Rose: Rosentorte, Roseneis und sogar Rosenlikör werden mit einer selbst hergestellten Rosenpaste aus echten Rosenblüten ohne Zusatz von anderen Aromen produziert.

Burggarten Dreieichenhain

Fahrgasse 53 (in der Burgruine)
63303 Dreieich
Tel.: 0 61 03 98 18-57
Strauch- und Kletterrosen nach mittelalterlichem Vorbild.

Park Rosenhöhe Darmstadt

Wolfskehlstraße (beim Mathildenhof, Nähe Ostbahnhof)

64283 Darmstadt
Tel.: 0 61 51 13 29 00
Traditioneller Rosengarten mit über 250 Sorten.

Rosengarten am Burggraben Eltville

Kurfürstliche Burg, Burgstraße 1.
65343 Eltville am Rhein
Tel.: 0 61 23 90 98-0
Fax: 0 61 23 90 98-90
E-Mail: touristik@eltville.de
In Eltville prägt die Rose das Ortsbild; alle zwei Jahre (gerade Jahreszahlen) finden im Juni/Juli »Rosentage« statt. Umfangreiches Veranstaltungsprogramm mit Rosenschnittkursen o. Ä.
10 000 Rosen von 350 Arten und Sorten, vor allem Kletter- und Kaskadenrosen.

Rosengarten Hadamar

Herzenbergweg 13
65589 Hadamar
Tel.: 0 64 33 66 04
E-Mail: mgroneberg@hotmail.com
1600 Rosen von 140 verschiedenen Sorten.
Für Pflanzenliebhaber birgt der englische Rosengarten in Hadamar echte Schätze. 200 verschiedene Sorten, insgesamt rund 2000 Rosenstöcke. Es sind die wunderschönen Kletterrosen, die romantischen englischen Strauchrosen mit ihrem einzigartigen Duft und ihrer Blütenform, die diesen Rosengarten so außergewöhnlich machen.

Rosengarten im Deutsch-Französischen Garten Saarbrücken

Nassauer Straße 4
66111 Saarbrücken
Tel.: 06 81 9 05 14 34
Der Rosengarten – gegliedert in einen deutschen und einen französischen Teil – wurde von dem französischen Gartenarchitekten Jean P. Bernard geplant. Das Grundmuster der einzelnen Beetflächen folgt einfachen geometrischen Formen. Im französischen Teil werden ausschließlich Rosensorten französischer und im deutschen Teil deutscher Rosenzüchtungen gezeigt.
Rund 8000 Rosen von 120 verschiedenen Arten älterer und jüngerer Züchtungen, Beet- und Zwergrosen, Strauch-, Kletter- und Hochstammrosen wurden gepflanzt.
Jede Rosenterrasse wird von einer vorherrschenden Farbe bestimmt. Die prächtige Farbigkeit der Rosen kommt vor den Grünflächen besonders zur Geltung – von der leuchtend weißen »Via Mala« über die samtigrote »Lilli Marleen« zu der lila-violetten »Blue Parfum«.

Rosenstadt Zweibrücken

Die »Rosenstadt« bietet Veranstaltungen rund um die Rose an; jährlich Rosentage am 3. Wochenende im Juni.
Tel.: 0 63 32 8 71-1 23, -1 21, -1 22
Fax: 0 63 32 8 71-1 45
E-Mail: tourist@zweibruecken.de

Kulturpark Zweibrücken

Herzogstraße 1
66482 Zweibrücken
Tel.: 0 63 32 8 71-4 51 und -4 71
Fax: 0 63 32 8 71-4 60
Das Wahrzeichen der Rosenstadt Zweibrücken ist der Kulturpark »Europas Rosengarten«.
Ein Naturerlebnis der besonderen Art ist der 2,5 km lange »Rosenweg«, der »Europas Rosengarten« und den Wildrosengarten miteinander verbindet. Der Weg führt zwischen üppig wachsenden Wild- und Strauchrosen zur Fasanerie, in der ebenfalls unzählige Wildrosen wachsen.

Wildrosengarten Fasanerie Zweibrücken

Fasaneriestraße
66482 Zweibrücken
Tel.: 0 63 32 8 71-1 23
Fax: 0 63 32 8 71-1 45
2000 Rosen von 700 meist einmal blühenden Arten und Sorten, die vor allem im Frühjahr und Spätsommer (Hagebutten) sehenswert sind.

Weinessiggut Doktorenhof

Raiffeisenstraße 5
67482 Venningen
Tel.: 0 63 23 55 05
Fax: 0 63 23 69 37
E-Mail: info@doktorenhof.de
Spezialität: Aperitifessig »Balsam of Roses« mit Rosenblütenöl und Honig.

Rosengarten im Herzogenriedpark Mannheim

Neuer Messplatz
68165 Mannheim
Tel.: 06 21 33 37 89
In der Ausstellungshalle werden jährlich mindestens acht Ausstellungen unter verschiedenen Themen ausgerichtet. Das Spektrum reicht von der Frühlingsblumen-, Sommer- und Rosenschau bis hin zur Lehr- und Informationsausstellung. 30 000 Rosen von 170 Arten und Sorten; Schwerpunkt Hochstammrosen und Beetrosen.

Goethes Wohnhaus

Frauenplan 1
99423 Weimar
Tel.: 0 36 43 54 53 47
Goethe brachte von seinen Reisen Pflanzen mit und führte botanische Experimente in seinem Garten durch. Der Garten wird heute so erhalten, wie er in den 20er Jahren des 19. Jahrhunderts aussah. Auf den Rabatten wachsen Ro-

sen, Aurikel, Dahlien und viele Sommerblumenzüchtungen.

BOTANISCHER GARTEN JENA

Fürstengraben 26
07743 Jena
Tel.: 0 36 41 94 92 74
Der Anteil der Rosen ist nicht sonderlich groß. Goethe verbrachte dort viele Stunden mit botanischen Studien. Er veranlasste die Verlegung einer Wasserleitung, den Bau mehrerer Gewächshäuser und schließlich den Bau des Inspektorhauses. In der Freianlage sind Jenenser Kalkflora, Rhododendron-, Rosen- und Dahlien-Anlagen zu besichtigen.

ROSENGARTEN DRESDEN AM NEUSTÄDTER ELBUFER

Eibenstocker Straße 82
01277 Dresden
E-Mail:
jenszappe@rosengarten-dresden.de
300 Rosen von 90 Arten und Sorten in einer typischen Anlage der 30er Jahre des 20. Jahrhunderts, hauptsächlich DDR-Züchtungen.

OSTDDEUTSCHER ROSENGARTEN FORST

Wehrinselstraße 42
03149 Forst/Lausitz
Tel.: 0 35 62 75 48
Fax: 0 35 62 69 98 76
E-Mail: sv-forst@ranet.de
Anlässlich des 25. Krönungsjubiläums Kaiser Wilhelms II. angelegter Rosengarten mit wechselvoller Geschichte; heute 40 000 Rosen von 400 Arten und Sorten; jährliches Rosenfest im Juni.

ROSENGARTEN SANGERHAUSEN

Am Rosengarten 2
Tel.: 0 34 64 1 94 33
Fax: 0 34 64 51 53 36
E-Mail: rosarium@europa-rosarium.de
ADR-Prüfgarten; Sangerhausen wurde aufgrund seiner größten und bedeutsamsten Rosensammlung der Welt zur »Rosenstadt« ernannt. 1903 wurde dort das erste deutsche Rosarium angelegt, das heute 53 000 Rosen von 6800 Arten und Sorten beherbergt. Umfangreiches Veranstaltungsprogramm mit jährlichem Rosenfest mit Rosenfestumzug im Juni. Bibliothek mit ca. 1000 Büchern zum Thema Rosen.
Europa-Rosarium.

ROSEN IM BOTANISCHEN GARTEN BERLIN-DAHLEM

Königin-Luise-Straße 6–8
14191 Berlin
Tel.: 0 30 83 85 00 27
An zentraler Stelle im Arboretum befindet sich die »Rosenlaube«, ein halbrundes massives Bauwerk in romanischem Stil, das von wilden Rosen,

die es überwuchern und vor dem dunklen Gebäude besonders eindrucksvoll ihre Blütenpracht zeigen können.

Viele Wildrosen. 1700 Rosen von 20 Arten und Sorten.

ROSENGARTEN AM SCHLOSS CHARLOTTENHOF SANSSOUCI

Ende Nikolskoer Weg
14414 Potsdam
Tel.: 03 31 9 69 43 09
1835 im streng geometrischen Stil angelegter Rosengarten mit 404 Alten Rosen von 163 Sorten, zur Hälfte auf Hochstämmen.

ROSENGARTEN IN PLANTEN UND BLOMEN HAMBURG

Tiergartenstraße, Nähe Congresszentrum, Dammtorbahnhof
Der Garten umfasst eine Fläche von ca. 5000 qm. Es wurden ca. 300 verschiedene Rosensorten gepflanzt, die sich in folgende Gruppen aufteilen lassen: historische Rosen, englische Rosen, Parkstrauch- und Wildrosen, Teehybriden, Beetrosen, Kletterrosen, Hochstammrosen. Rosenbögen aus Stahl, die zum Teil mit blauen Rosenkugeln verziert sind, und Sitzecken, die zum Verweilen einladen, geben diesem Garten eine besondere Atmosphäre. In der Mitte befindet sich ein offener Pavillon. Hier können Sie sich über Rosensorten und Pflege informieren.

3500 Rosen von 300 Sorten.

ROSENGARTEN AUF DEM OHLSDORFER FRIEDHOF

Fuhlsbüttler Straße 756
22337 Hamburg
Tel.: 0 40 5 93 88-0
Fax: 0 40 5 93 88-8 88
E-Mail:
information@friedhof-hamburg.de
Der Rosengarten auf dem Ohlsdorfer Friedhof in Hamburg stellt eine Schauanlage dar und zeigt, dass Friedhofsarchitekt Johann Wilhelm Cordes den Friedhof als Parkanlage verstand. Eng damit verbunden ist der Gedanke, dass für die Verstorbenen der Friedhof als Paradiesgarten geschaffen wird, um sie besonders zu ehren. Er wurde 1997 nach historischen Plänen wiederhergestellt.

2500 Rosen von 52 Sorten angeordnet nach der Rosenuhr.

DIE ROSE

Eppendorfer Stieg 10
22299 Hamburg
Tel.: 0 40 47 95 70
Fax: 0 40 47 95 70
Das einzigartige Fachgeschäft für Rosen hat Ihnen viel zu bieten: Seidenblumen, konservierte Rosen, Schnittrosen,

Accessoires, Dekorationen, Blumen-
schmuck für Hochzeiten und viele andere Anlässe.

ROSENGARTEN EUTIN

Schloss Eutin
Brannenweg 21
23701 Eutin
Tel.: 0 41 01 8 44 82 08
Fax: 0 41 01 2 43 54
E-Mail: info@rosen-direct.de
Schwerpunkt aktuelle Rosensorten.
Eutin trägt ebenfalls den Beinamen »Ro-
senstadt«. Rosen geben der historischen
Altstadt mit ihren vielen Fachwerkhäu-
sern heute ein romantisches Flair. Im
Jahr 1928 wurde die Verbindung zwi-
schen der Straße »Am Rosengarten« und
der Seepromenade am Großen Eutiner
See durch den Gartenarchitekten Harry
Maasz als Rosengarten gestaltet. Ein
breiter Spazierweg wird von aufwändi-
gen Rosen- und Staudenbeeten gerahmt.
Eine Granitpergola markiert den Ein-
gangsbereich von der Stadt aus.

TAUSENDJÄHRIGER ROSENSTRAUCH
HILDESHEIM

Am Dom
Tel.: 0 51 21 3 01-2 82
Fax: 0 51 21 3 01-3 08
Legendärer so genannter Tausendjähri-
ger Rosenstock am Hildesheimer Dom.
Von der Stadtverwaltung werden auch

Rosenführungen angeboten; jährliches
Rosenfest im Juni.

ROSENGARTEN AM
DORNRÖSCHENSCHLOSS SABABURG

Oskar-Zeller-Str. 34
37170 Uslar
Tel.: 0 56 71 8 08-0
Fax: 0 56 71 8 08-2 00
E-Mail: contact@der-burggarten.de
Romantischer Burggarten; Rosenfest
und sonstige Veranstaltungen zum
Thema, Führungen.

WILD- UND STRAUCHROSEN-
SAMMLUNG PARK WILHELMSHÖHE

Wilhelmshöher Weg 37
34128 Kassel
Tel.: 05 61 3 22 80
Fax: 05 61 9 35 71 44
Erinnert an das 1766 angelegte Rosa-
rium.

DEUTSCHES ROSARIUM VDR IM
WESTFALENPARK DORTMUND

An der Buschmühle 3
44139 Dortmund
Tel.: 02 31 50 26-1 16
Fax: 02 31 50 26-11
E-Mail: rosarium@dortmund.de
ADR-Prüfungsgarten. Mit 3000 verschiedenen Sorten und Arten beherbergt
die »Rosenstadt« Dortmund das dritt-
größte Rosarium der Welt.

Haus der Rose: Vortrags-, Seminar- und Ausstellungsraum
Am 19. Mai 1969 unterzeichneten Vertreter des Vereins Deutscher Rosenfreunde (VDR) und der Stadt Dortmund den Vertrag zur Gründung des Deutschen Rosariums VDR.

ROSENGÄRTEN BONN

Rechtsrheinisch: Landgrabenweg 17
500 Rosen und 650 Arten und Sorten.
Linksrheinisch: Erhardstraße
5800 Rosen von 65 Arten und Sorten

TAL DER ROSEN IM HÖHENPARK KILLESBERG STUTTGART

Am Kochenhof 16
70192 Stuttgart
Tel.: 07 11 25 89-0
Fax: 07 11 2 57 34 40
9000 Rosen von 170 Arten und Sorten, die anlässlich der IGA 1993 gepflanzt wurden.

ROSENGARTEN IM STADTGARTEN KARLSRUHE

Markgrafenstraße 40
15 000 Rosen in 190 Arten und Sorten.
Badisches Landesmuseum Schloss Karlsruhe
MUSEUM BEIM MARKT
Karl-Friedrich-Straße 6
Tel.: 07 21 9 26 65-14
Fax: 07 21 9 26 65-37

BLUMENINSEL MAINAU IM BODENSEE

Tel.: 0 75 31 30 30
Fax: 0 75 31 30 32 48
E-Mail: info@mainau.de
Größtenteils historische Sorten, außerdem »Italienischer Rosengarten« und Rosen-Informationsgarten. Insgesamt 30 000 Rosen von 1300 Arten und Sorten. Jährliche Rosenschau im Juni.

ROSENGARTEN IM BOTANISCHEN GARTEN MÜNCHEN

Menzinger Straße 65
Tel.: 0 89 17 86 13 10
Jährliche Rosenschau im Juni / Juli.

ROSENHOF TAUBERTAL

Rothenburger Straße 14
97993 Creglingen
Tel.: 0 79 33 8 69
Fax: 0 79 33 7 00 98 60
E-Mail:
webmaster@rosenhof-taubertal.de
Produkte aus frischen Demeter-Rosenblütenblättern. Für rosigen Genuss mit Sekt oder Selters, hervorragend auch für Rosenbowle und Rosendesserts.

WELEDA AG

Möhlerstraße 3
73525 Schwäbisch Gmünd
Hersteller von Rosen-Kosmetika.

SCHWEIZ

ROSERAIE DU PARC DE LA GRANGE GENF

Quai Gustave-Ador –
Avenue de Frontenex
1211 Genève (Genf)
Tel.: 0 22 4 18-50 00
Fax: 0 22 4 18-50 01
Öffentlicher Stadtpark, Stätte der internationalen Rosenprüfung mit einigen Sorten, die noch nicht im Handel sind.

ROSERAIE HAUSER

2028 Vaumarcus
Tel.: 0 32 8 35 12 18
Rosenpflanzen, sehenswert die Rosenfelder – ein Weg mit Kletterrosen, die einen Weinberg säumen.

ROSENSCHULE HUBER

5605 Dottikon
Tel.: 0 56 6 24 18 27
Fax: 0 56 6 24 24 24
E-Mail: info@rosen-huber.ch
Rosenpflanzen, vor allem historische Strauch- und Kletterrosen, auch eigene Züchtungen, Katalog, Schaugarten.

ROSENGARTEN SCHLOSS HEIDEGG BEI LUZERN

7000 Chur
Tel.: 0 41 9 17 13 25
Fax: 0 41 9 17 13 08
E-Mail: info@heidegg.ch
Sehr schöne Anlage im barocken Stil am Schloss; Veranstaltungsprogramm (Rosenseminare).

ROSENGARTEN SCHLOSS HALDENSTEIN

Info: Frau Brigitta Michel
Plessurquai 49
7000 Chur
Tel.: 0 81 2 52 44 92
E-Mail: b.michel@schlossgarten.ch
Projekt der Rosengruppe Graubünden.

GESELLSCHAFT DER SCHWEIZER ROSENFREUNDE

Schlossbergstraße 23
8820 Wädenswil
Tel.: 0 44 7 80-05 15
Fax: 01 7 89-99 11
E-Mail: theo.zwygart@bluewin.ch
Publikationen: monatlich das »Rosenblatt«, jährlich »Rosa Helvetica« (für Mitglieder kostenlos). Broschüre: »Rosengärten und Gärten mit Rosen in der Schweiz« (enthält auch private Gärten). Die Gesellschaft bietet Reisen und Vorträge an, jährliches Treffen.

ÖSTERREICH

SCHLOSS SCHÖNBRUNN

1130 Wien

Tel.: 01 81 11 30

Fax: 01 8 12 11 06

Der Schlosspark Schönbrunn zählt mit einer Fläche von 185 ha nicht nur zu den größten, sondern auch zu den bedeutendsten barocken, im französischen Gartenstil gestalteten Gartenanlagen der Welt. Schloss und Garten Schönbrunn wurden 1996 in die Weltkulturerbe-Liste aufgenommen.

ROSARIUM IM DONAUPARK WIEN

Donauturmstraße, Arbeiterstrandbad-straße

Tel.: 01 26 97 92 10

Über 1000 Sorten.

ROSARIUM IN DEN BAUMSCHULEN SPARGELFELD

Spargelfeldstraße 75

Tel.: 01 4 00 04 21 10

E-Mail: post@m42.magwien.gv.at

ÖSTERREICHISCHE ROSENFREUNDE IN DER ÖSTERREICHISCHEN GARTENBAU-GESELLSCHAFT

Parkring 12

1010 Wien

Tel.: 01 5 12 84-16

Fax: 01 5 12 84-17

Die Gesellschaft bietet Beratung sowie Erfahrungsaustausch.

ÖSTERREICHISCHES ROSARIUM IM DOBLHOFFPARK BADEN BEI WIEN

2500 Baden

Tel.: 0 22 52 2 26 00-6 00

Fax: 0 22 52 8 07 33

Zwischen 1967 und 1969 angelegtes Rosarium im Park des früheren Schlosses Weikersdorf. Es enthält eine große Sammlung von Sorten des österreichisch-ungarischen Rosenzüchters Rudolf Geschwind.

Badener Rosentage im Juni.

ROSARIUM IM BOTANISCHEN GARTEN

Roseggerstraße 20

4020 Linz

Tel.: 07 32 70 70-18 80

Fax: 07 32 70 70-18 74

E-Mail: tourist.info@linz.at

ROSARIUM IM KURPARK

Wiener Neustädterstraße 2

7202 Bad Sauerbrunn

Tel.: 0 26 25 32-2 03

Fax: 0 26 25 32-30 09

ca. 1600 Rosen von 300 Sorten.

12
Vom Orient zum Okzident

Ägypten, das Tor zum Orient und Heimat der interessantesten Herrscherin des Altertums: Kleopatra. Hatte sie ihre sprichwörtliche Schönheit den Rosen zu verdanken?

Überliefert sind ihre Schönheitsbäder in Stutenmilch und Rosenwasser, auf die sich die Kosmetikbranche noch heute bezieht – und ihre Rosenorgien. Sie soll ihren Körper mit Rosenöl und Rosenwasser gepflegt haben, hergestellt aus Rosen, die sie in großen Mengen am Nildelta, in der Kornkammer Ägyptens, anbauen ließ. Doch Kleopatra nutzte die Rosen und Rosenprodukte nicht nur für ihre Schönheitsrituale, sondern auch um ihren Geliebten und späteren Ehemann Marcus Antonius zu betören, indem sie ihm zum Empfang einen knietiefen Teppich aus Rosenblüten bereiten ließ. Dem rosigen Verhältnis entsprangen drei Kinder, von denen eines ermordet wurde, als Oktavian – alias Augustus – die Macht übernahm. Ihre Versuche, den neuen Herrscher des Römischen Reiches zu bezirzen, schlugen – trotz Rosen – fehl. Um der Schmach zu entgehen, vergiftete sich die schöne Pharaonin. Ihr Ehemann Antonius, der gefallene Herrscher, war bereits während der Machtkämpfe umgekommen. Die beiden Kinder dieser tragischen Liebe kamen in die Obhut der Exfrau von Marcus Antonius.

Die Rose und die Dornen, Liebe und Leid, sind auch bei Kleopatra und Marcus Antonius nahe beisammen. Die Rosenleidenschaft der berühmten Herrscherin hat bis heute überlebt, es gibt nicht nur eine Kleopatra-Rosensorte, sondern auch zahlreiche Schönheitsanwendungen mit Inhaltsstoffen der Rose, die sich auf die ägyptische Königin beziehen. Die Kreuzfahrer brachten die Rose auch als Schönheitsmittel vom Orient in den Okzident. Der Dichter Hans Christian Andersen erzählt in *Eine Rose vom Grab Homers* mit bittersüßen, todtraurigen Worten von dieser Reise, in der auch durch die unerwiderte Liebe der Nachtigall zur Rose ein wohlbekanntes Thema aufgegriffen wird.

Heute sind es die ätherischen Öle der Rose, die im Orient hergestellt und im Okzident verarbeitet werden. Bulgarien, Türkei, Marokko und Iran sind die Hauptanbaugebiete von Ölrosen.

Bei den meisten Kosmetikherstellern, die Rosenprodukte anbieten, kommt nie ein Rosenblatt in die Produktion, sie verarbeiten lediglich die Rohstoffe wie Rosenöl oder Rosenwasser. Nur sehr wenige Hersteller verwenden darüber hinaus frische Rosen. Zwei Unternehmen seien hier exemplarisch vorgestellt:

Weleda und Tautropfen, die beide eine besondere Beziehung zur Rose haben und konsequent ökologisch arbeiten. Der Geschäftsführer von Tautropfen erzählte mir ausführlich von seiner Rosen-Passion, die schon am Empfang unübersehbar ist. Überall Rosenplakate, Rosendekoration und Informationen rund um die Rose. Ein absolut überzeugender Protagonist, der die Rose nicht zum Marketing missbraucht, sondern seiner Lieblingsblume alle Ehre erweist.

Viele Produktionsschritte fallen unter das Betriebsgeheimnis, aber zu seiner Mazerationsstätte durfte ich mit. In riesigen Glaskolben werden Rosenblätter in Öl angesetzt. Mit einem langen Holzstab wird der Sud täglich in Wallung gebracht, die weitere Arbeit wird der Sonne überlassen, die den Mazerationsprozess beziehungsweise den Übergang der rosigen Inhaltsstoffe in das Öl fördern soll. Das Verfahren ist im Prinzip nicht viel anders als mein Tipp zur Herstellung von hauseigenem Rosenöl, der Effekt jedoch durch die riesigen Glaskolben nicht vergleichbar. Die tanzenden Rosenblütenblätter und die raffinierte Schiebekonstruktion, mit der die schweren Gefäße entweder vor Regen geschützt oder den Sonnenstrahlen ausgesetzt werden, war sehr spektakulär. Diese Art von Mazeration nennt sich Vollsonnenauszug, ansonsten verwendet der Hersteller ätherisches Rosenöl aus dem Iran.

Bei der Firma Weleda fand ich die zusätzliche Verwendung von Rosensamen und Rosenblättern besonders aufschlussreich.

Weleda ist der einzige Hersteller, den ich finden konnte, der für seine Rosenprodukte neben dem Blütenöl auch noch Blattextrakte der *Rosa rubiginosa* und Pressöl aus Hagebuttensamen verwendet. Im Mai und Juni werden die

Blätter frisch im Taubertal geerntet und sogleich verarbeitet. Im Labor konnte ich beobachten, wie die frischen Rosenblätter zwischen Marmorrollen so lange gequetscht wurden, bis ein dicker grüner Saft heraustropfte. Durch weitere Auszugsverfahren wurde noch das letzte Tröpfchen aus den Blättern geholt und mit anderen rosigen Bestandteilen zu Cremes und anderen Produkten verarbeitet.

Die Rosen- bzw. Hagebuttensamen kommen aus Chile, wo die Rose ursprünglich nicht heimisch war. Interessanterweise stammen alle Wildrosenarten aus der nördlichen Hemisphäre. Es gibt sowohl archäologische Funde in Nordamerika und Europa als auch in Asien – aber auf der südlichen Halbkugel fehlte die Rose völlig. Sie ist eine der wenigen Pflanzen, die die Eroberer nicht aus der Neuen Welt mitbrachten, sondern schon sehr früh dorthin verpflanzten. Sie umpflanzten ihre Siedlungen mit Rosenhecken als Schutzwälle gegen die chilenischen Ureinwohner. Die Hecken wuchsen und wucherten unter der südamerikanischen Sonne dermaßen, dass dem stacheligen Gestrüpp kaum Einhalt zu gebieten war. Jahrhundertelang wurden die leuchtend roten Früchte zwar genutzt, sie waren aber von untergeordneter Bedeutung, bis die Amerikaner das Wunderprodukt »Ketchup« erfanden. Über 30 000 Tonnen Hagebutten werden dort jährlich geerntet und zu Mus verarbeitet. Vor nicht allzu langer Zeit produzierten sie noch Unmengen von Kernen als Abfallprodukt, die sogar zu hart waren, um sie an Tiere zu verfüttern. Die Rosensamen türmten sich im Hof der Anlage, bis die Universität von Concepción und Santiago de Chile sich den Abfallbergen annahm. Die Forscher vermuteten – aus welchen Gründen auch immer – wertvolle Inhaltsstoffe in den Samen. Warum sollte die »Königin der Blumen« nicht auch königlich wertvolle Samen produzieren? Sie versuchten, die Kerne auszupressen und zu zerquetschen – aber Öl bekamen sie nicht, bis es Wissenschaftlern endlich gelang, mit Hilfe von chemischen Lösungsmitteln das Öl zu extrahieren. Dabei entdeckten sie tatsächlich wertvolle Fettsäuren. Da es mit dieser Methode allerdings nicht möglich war, das Öl rückstandsfrei zu gewinnen, war es für die Heilkunde ungeeignet. Schließlich gelang nach weiteren Jahren des Forschens eine mechanische Spaltung der winzigen Kerne, dadurch konnte das Öl durch eine Kaltpressung gewonnen werden.

Ähnlich wie beim Traubenkernöl, das im Grunde ein Abfallprodukt der Weinherstellung ist, als Öl aber sehr wertvolle Eigenschaften sowohl für die äußerliche als auch für die innere Anwendung besitzt, wurde auch bei dem Hagebuttenkernöl aus der Not eine Tugend gemacht. Das Öl hat hervorragende Pflegeeigenschaften, beispielsweise bei Ausschlägen oder Neurodermitis, und wirkt auch innerlich gegen allerlei Krankheiten.

Die Rosenbauern in Chile haben so eine neue Erwerbsquelle gefunden und sollen über »Fair-Trade«-Projekte gefördert werden. Alle Hagebutten ernten sie mit der Hand an den teilweise schwer zugänglichen Hängen. In den peruanischen Hochanden beispielsweise wachsen die Rosen noch in 3600 Metern Höhe, wo sie bei uns längst erfroren wären.

Auch in Marokko blühen die Rosen noch in den Hochebenen. Im Dadestal am Fuße des über 4000 Meter hohen M'Goun werden Ölrosen angebaut. Das Bergmassiv liegt am Rande der Vorsahara und gehört noch zum östlichen Teil des Atlas. Die Flüsse Dades und Todra trennen den Berg vom mittleren Hohen Atlas. Dunkles Granit- und rötliches Lavagestein prägen das Bild der überwiegend verkarsteten Landschaft. Zwischen steilen Abhängen erstrecken sich Hochtäler und Oasen.

Dieses abgelegene Tal macht Marokko zu einem der bedeutendsten Länder des Ölrosen-Anbaus. Das unbekannte Städtchen mit dem wundervoll klingenden Namen »El Kelàa M'gouna« liegt im Zentrum des Rosenanbaus, und wie in anderen Rosenanbaugebieten wird auch dort alljährlich im Mai ein Rosenfest gefeiert. Der Weg in die Stadt führt von Marrakesch aus ins Landesinnere. Auf den Märkten ist noch kein Hauch von Rosenduft zu spüren, der schwere Duft orientalischer Gewürze liegt in der Luft. Vorbei an Schlangenbeschwörern, fliegenden Händlern und Marktschreiern findet man sie aber schon – die Rosenprodukte aus dem marokkanischen Tal der Rosen. Damaszenerrosen, die in Marokko angebaut werden, werden auch Dades-Rosen genannt.

Als wir die Stadt nach langer Fahrt über eine schmale Asphaltstraße endlich erreicht hatten, war das Rosenfest in vollem Gange, schon von weitem waren orientalische Trommelklänge zu hören. Die Mädchen hielten auf einen Bindfaden gefädelte Rosenblüten in den Händen, die an die Ursprünge des Rosenkranzes erinnerten. In fast jedem Laden wurden Rosenprodukte feilgeboten. Von der Heilkraft der Rose war hier noch viel zu spüren: Rosenwasser und andere Produkte wurden gegen alle erdenklichen Leiden angepriesen und anscheinend auch von jedem verwendet. Ganz dem islamischen Glauben entsprechend, fand sich kein einziges Blütenblatt auf der Erde, sondern wurde, sorgfältig aufgefädelt, ehrfürchtig getragen. Das Fest schien kein Ende zu nehmen, es wurde bis tief in die Nacht gefeiert und getanzt, während auf den Feldern die Pflücker und Pflückerinnen schon wieder zu nachtschlafender Zeit aktiv waren. Auf dem sonntäglichen Souk boten die Bauern auch getrocknete Rosen an. Rosafarbene duftende Berge türmten sich neben den gestikulierenden Händlern, für die es ein fast sportliches Vergnügen ist, um den Preis zu feilschen.

Wie bei jedem Rosenfest war die Wahl der Rosenkönigin der Höhepunkt. Begleitet von zahlreichen Folkloretänzen traten die Mädchen auf, eine hübscher und rosendekorierter als die andere. Die Zuschauer saßen streng getrennt nach Männern und Frauen am Rand und lauschten der von Trommelwirbeln begleiteten Wahl. Die gekrönte Siegerin wurde noch Stunden gefeiert und wird nun Marokkos Rosen bis zur nächsten Wahl repräsentieren. Ein krönender Abschluss unter der untergehenden afrikanischen Sonne, zwischen den orientalischen Gebäuden, Gerüchen und Gesichtern.

13
Im Tal des duftenden Goldes

Wer der Spur der Rose folgt, stößt unwillkürlich auf Bulgarien, den weltweit bedeutendsten Rosenölexporteur, vor allem was Qualität und Preis betrifft. Seit dem Mittelalter werden südlich des Balkans Rosen zur Ölproduktion gezüchtet. Ein »florierendes« Geschäft, im wahrsten Sinne des Wortes. Nach dem Zweiten Weltkrieg, als alle Betriebe in Bulgarien verstaatlicht wurden, ging es bergab mit dem Rosenölgeschäft. Inzwischen steigt die Nachfrage wieder. Seit dem Zerfall der Sowjetunion wurden auch dort die verstaatlichten Güter und Destillerien wieder in private Hände zurückgegeben. Manche Eigentümer hatten nicht die leiseste Ahnung vom einstigen Familienbesitz. Diejenigen, die sich der Aufgabe gestellt haben, das Familienerbe wieder auf Vordermann zu bringen, haben dies mit großem Elan und Erfolg getan. Mittlerweile ist die Rosenölproduktion im ganzen Tal der Rosen in vollem Gange. Das bulgarische Rosenöl wird gehandelt wie Gold, und ich verspreche Ihnen nicht zu viel, wenn ich sage, dass sich eine Reise dorthin für jeden Duftrosenfan lohnt.

Bei meinen Recherchen zu dem Thema stieß ich auf die Homepage der in Berlin lebenden Bulgarin Ekaterina El Batal (www.rosenreise.de). Ihr Hauptanliegen: Rosenfans ins Tal der Rosen zu begleiten und in die Geheimnisse der bulgarischen Rosen einzuweihen. Eine organisierte Rosenreise ist auch für überzeugte Individualtouristen empfehlenswert, denn die schönsten Rosenfelder liegen versteckt. Ohne Genehmigung darf man sie nicht betreten und nur bei den leicht zugänglichen touristischen Rosenveranstaltungen lernt man das echte Bulgarien nicht kennen. Ekaterina liebt nicht irgendwelche Rosen, sondern vor allem die Damaszenerrosen aus ihrer Heimat. Jedes Jahr bietet sie zwei Rosenreisen an, mehr sind von der Natur aus nicht möglich, da diese Ölrosen nur für kurze Zeit blühen.

Das Tal der Rosen liegt zwischen Sofia und dem Schwarzen Meer, etwa 150 bis 220 Kilometer östlich von Sofia erstreckt es sich über 70 Kilometer. Es ist auch das Tal der Thraker, dieses kriegerischen Volkes, das unglaublich mächtig war, bis es im 1. Jahrhundert n. Chr. von den Römern erobert und vernichtet wurde. Es heißt, dass die Thraker in ihren Provinzen bereits zwölf Arten von Rosen angebaut haben. Die »Thrakische Rose« geht angeblich auf diese frühen Sorten zurück, die nach dem Untergang der Thraker fast genauso in Vergessenheit geriet wie die Kultur des einst so stolzen Volkes. Im Jahre 1270, während der Kreuzzüge, soll eine Damaszenerrose von Syrien ins Tal von Kazanlak gelangt sein. Die hervorragenden Klimabedingungen und der lehmhaltige Boden ließen sie bestens gedeihen.

In die Geschichte ging vor allem ein thrakischer Held ein: Spartakus. Der große Krieger, der mir als Statue schon vor dem Louvre begegnet war, kam angeblich aus dem Tal der Rosen. Der thrakische Krieger wurde von den Römern gefangen und zum Sklaven und Gladiator gemacht. Er konnte mit zahlreichen anderen Leidensgenossen aus der Gladiatorenschule fliehen und zettelte 73 v. Chr. den größten Sklavenaufstand und Gladiatorenkrieg an, den die Geschichte bisher gesehen hatte. Im sozialistischen Bulgarien spielte Spartakus aber nicht nur eine Rolle als dort beheimateter Held, sondern auch als Rächer der Entrechteten. Außer dass Spartakus zahlreiche Sklaven befreit hatte, soll er auch die Beute stets mit seinen Mitkämpfern geteilt haben. Das Heer von Spartakus schwoll auf über 200 000 Mann an. Bei dem zwei Jahre andauernden Krieg gewann er zahlreiche Schlachten und befreite weitere Sklaven. Bei der letzten aussichtslosen Schlacht, als die Römer ihn 71 v. Chr. von drei Seiten einkreisten, fiel Spartakus. Durch seinen märtyrerhaften Kampf wurde er zur Symbolfigur gegen Unterdrückung und Knechtschaft. Von Karl Marx wurde Spartakus als Vertreter des römischen Proletariats bezeichnet. Passend zum Helden ist das heutige Ambiente seiner einstigen Thrakerheimat. Im Herzen des Rosentals liegt Kasanlak, eine vom Sozialismus geprägte Kleinstadt, die sowohl Rosenmuseum als auch Thrakermuseum beherbergt. Unweit der Stadt wurde ein beeindruckendes thrakisches Grab entdeckt, das, dem Original nachgebaut, inzwischen auch Besuchern offen steht.

Als Ekaterina nach Sofia kam, um uns in das Tal der Rosen zu »entführen«, musste sie eine vorzeitig abreisende Teilnehmerin an den Flughafen bringen. Sie hatte eine Allergie gegen Geraniumöl, einen der Hauptbestandteile des Rosenöls. Die Intensität des Dufts, den die Damaszenerrose ausströmt, ist für Westeuropäer kaum vorstellbar und nicht zu unterschätzen. Selbst dem größten Rosenfan kann es passieren, dass er diese Konzentration im wahrsten Sinne des Wortes nicht ertragen kann.

Es gibt Rosenreisen, die allein die Schönheit der »Königin der Blumen« im Visier haben – eine Reise in das Tal der Rosen ist aber eine reine Duftreise.

Auf der Fahrt über die Autobahn Richtung Kazanlak war noch nichts von den Rosenfeldern zu sehen oder zu spüren. Aber die Ankunft mitten in der Nacht enttäuschte meine rosigen Erwartungen nicht. Im Hof der kleinen, im landestypischen Stil restaurierten Pension hing der schwere, süße Rosenduft wie eine zarte Glocke über dem Anwesen. An allen überdachten Plätzen im Hof und in den Zimmern häuften sich duftende Rosenblätter. Rosenprodukte wurden serviert und in den Zimmern standen Schälchen mit frischen Rosenblütenblättern. Selbst das Wasser duftete nach Rosen – dank ein paar Spritzern Rosenwasser.

Die Nächte sind kurz bei einer Rosenreise, die Ernte beginnt bereits um 5.30 Uhr, zumindest bei Ekaterina. Ihr Programm sieht einen allmorgendlichen Spaziergang zu einem nahe gelegenen Rosenfeld vor. Die Teilnehmerinnen und Teilnehmer dürfen dann Rosen ernten und sie anschließend für sich selbst verarbeiten. Es ist sehr still auf dem Feld, gesprochen wird nicht viel um diese Uhrzeit. Die mechanischen Pflückbewegungen haben etwas Meditatives, der Rosenduft tut dazu noch sein Übriges. Er hängt schwer über dem Feld in der noch feuchten Luft. Rotes Morgenlicht erleuchtet den Himmel und verleiht den mit Tautropfen bedeckten Blütenköpfen erhabenen Glanz. Es erinnert an Eos, die Göttin der Morgenröte. Homer pries die Schönheit der Göttin über alle Maßen und beschrieb sie als eine anmutige, schön gelockte, »rosenarmige« und »rosenfingrige« Göttin. Ob der Dichter dabei auf die fünf Blütenblätter der Wildrose anspielt, ist zwar spekulativ, aber nicht allzu weit hergeholt: fünf Finger an der Hand – fünf Blütenblätter an der Rose. Und wie sollte es anders sein, auch bei der göttlichen, rosenfingrigen Eos kommt Aphrodite ins Spiel: Die beiden gerieten über den gemeinsamen Liebhaber Ares aneinander, genau den, der in Gestalt eines Ebers den armen Adonis aus Eifersucht aufspießte, womit wir wieder bei der Rose wären.

Der mythologische Ursprung des ganzen Dramas befindet sich möglicherweise im heutigen Bulgarien, genau dort, wo die wogenden Rosenfelder in der rötlichen Morgensonne liegen. Homer beschrieb nicht nur die rosenfingrige Eos und ihren eifersüchtigen Kampf um Ares, er gab Ares auch eine Heimat: das heutige Bulgarien. Bei Homer ist zu lesen, dass einige thrakische Helden der über 90 Thraker-Stämme im Trojanischen Krieg für die belagerte Stadt kämpften. Sie seien so tapfer gewesen, dass der Kriegsgott Ares höchstpersönlich in ihrem Land wohnte. Das geheimnisvolle, verschollene Reitervolk aus dem Tal der Rosen, in dem inzwischen zahlreiche thrakische Gräber gefunden wurden, war eines der größten und ältesten indoeuropäischen Völker und bereits zur Zeit des Trojanischen Krieges über 5000 Jahre alt. Die Thraker-Stämme hatten sich weit über Südosteuropa und Kleinasien ausgebreitet. Etwa im 2. Jahrhundert n. Chr. verschwand das kriegerische Volk. Rituelle Gaben an die Götter, Schmuck und Gebrauchsgegenstände aus Grab- und Schatzfunden belegen lebhafte Handels- und Kulturbeziehungen zu Griechen, Persern, Skythen und anderen Steppenvölkern, außerdem zu Kelten, Römern und sogar Ägyptern.

Bei diesem Ausmaß an Handel, Austausch und sogar der Beherbergung griechischer Götter wäre es verwunderlich, wenn die Thraker nichts mit der Rose zu tun gehabt hätten. Umso wahrscheinlicher wird dadurch die Überlieferung, dass die Thraker zwölf Arten von Rosen kultivierten.

Die Zeit der Eroberung der Thraker fiel ungefähr in die Blütezeit des ägyptischen und römischen Rosenanbaus. Auf einem immer größer werdenden Teil der Ackerflächen ließen die Römer Rosen anbauen, ebenso die Ägypter im Niltal. Die römische Rosenproduktion reichte bereits zu Neros Zeiten nicht mehr für den immensen Rosenbedarf des Römischen Reichs. Daher ließ der Kaiser Schiffsladungen voller Rosenblütenblätter aus Ägypten für seine Orgien importieren. Heute wird der weltweite Ölrosenbedarf aus Bulgarien gedeckt.

Der Gipfel der römischen Rosenorgien waren die Feste des brutalen Kaisers Heliogabalus oder auch Marcus Aurelius im 3. Jahrhundert n. Chr. Er ließ bei seinen Orgien durch eine Öffnung im Dach so viele Rosenblüten von der Decke regnen, dass zahlreiche Gäste daran erstickten, und übertraf mit seinen Orgien alle anderen Herrscher. Die ausufernden Feste des Kaisers gingen als Inbegriff der Dekadenz in die Geschichte ein und wurden zum Motiv vieler Künstler des 19. Jahrhunderts. Berühmt ist vor allem das Gemälde von Sir Lawrence Alma-Tadema.

The Roses of Heliogabalus
Die Rosenorgien römischer Kaiser sind legendär, vor allem die des Kaisers
Heliogabalus, von Sir Lawrence Alma-Tadema im 19. Jahrhundert dargestellt.

Die Römer badeten nicht nur in Rosen, sie aromatisierten auch Speisen und Wein mit Rosen und Rosenwasser, und wer es sich leisten konnte, füllte Bettdecken und Kissen mit getrockneten Rosenblütenblättern. Im Tal der Rosen versteht man sich auch heute noch auf die Zubereitung rosiger Speisen, zum Beispiel Rosenmarmelade, die Sie leicht nachkochen können:

Rosenmarmelade

250 g Blütenblätter von ungespritzten Damaszenerrosen
1 kg Gelierzucker
1 l Wasser
Saft von 3 Zitronen

Das Wasser mit Zucker und Zitronensaft aufkochen, Rosenblätter unterrühren und nach Anleitung einkochen. Sofort in mit kochendem Wasser ausgespülte Gläser abfüllen, bis die Masse anfängt zu gelieren. Evtl. noch ein paar frische, kleingeschnittene Duftrosenblätter vor dem Abfüllen unterrühren und die Marmelade mit Himbeergeist in den Gläsern flambieren und noch brennend verschließen. Das rundet nicht nur den Geschmack der Rosenmarmelade ab, das Flambieren macht sie länger haltbar.

Außer der Rosenmarmelade werden noch kandierte Rosenblätter, Rosenzucker, Rosenjoghurt und Rosenwasser angeboten.

Rosenzucker

500 g Zucker mit einer Handvoll frischer Duftrosen vermischen und sechs Wochen stehen lassen. Der Zucker nimmt einen ganz zarten Rosengeschmack an und eignet sich hervorragend für Tee, aber auch dem Kaffee gibt er eine dezente Rosennote. Wer sich an den Blättern stört, der kann den Zucker durchsieben.

Kandierte Rosenblätter

Blütenblätter frischer Duftrosen auf einen Teller mit einer dicken Schicht feinem Staubzucker legen. Die Blütenblätter müssen einzeln liegen, sie dürfen auf keinen Fall aneinanderkleben. Zwei Tage lang die Blütenblätter mehrmals wenden, sie werden dabei hart und behalten ihre Farbe. Die kandierten Rosenblätter können als Süßigkeit gereicht werden oder Torten, Cremes und Joghurt bereichern.

Rosenwasser

1 Liter stilles Wasser mit ein paar Spritzern lebensmitteltauglichem Rosenwasser versetzen. Schmeckt nicht nur toll, wirkt auch reinigend für den Körper.

Rosenjoghurt

Leider gibt es dieses köstliche Milchprodukt nicht in unseren Supermärkten zu kaufen. Wer Rosenjoghurt selbst herstellen möchte und ihn frisch mit Kulturen ansetzt, kann der Milch vor der Fermentierung ein paar Spritzer Rosenwasser zugeben, den fertigen Joghurt mit Rosenzucker süßen und anschließend noch ein paar klein gemörserte kandierte Rosenblätter zugeben.

Die meditativen Momente der Rosenreise sind nach der frühmorgendlichen Ernte keinesfalls vorbei. Vor der Weiterverarbeitung müssen die Rosenblütenblätter noch gezupft werden. Eine mechanische Arbeit, bei der mir der Rosenkranz in den Sinn kam. Rosenblütenblätter gleiten durch die Finger, die immer wieder dieselbe Bewegung ausführen. Dem christlichen Mythos zufolge geht dieser Gebetskranz tatsächlich auf Rosen zurück. Es heißt, dass der Erzengel Gabriel aus 150 himmlischen Rosen drei Kränze für die Jungfrau Maria geflochten habe, einen aus weißen, einen aus roten und einen aus goldenen Rosen. Der rote soll ihre Schmerzen symbolisieren, der weiße ihre Freude und Reinheit und der dritte ihre Glorie, ihren göttlichen Aspekt. Auf mittelalterlichen Kunstwerken wird die Heilige Maria mit drei Rosenkränzen dargestellt. Die Anzahl der Rosen in diesem Mythos entspricht der Anzahl der Ave Maria im großen Rosenkranz. Seit dem frühen Mittelalter wird darunter das Rosenkranzgebet verstanden. Die Glieder der Gebetskette sollen ursprünglich aus Rosen bzw. Rosenfrüchten, den Hagebutten, bestanden haben. Der herbstliche Termin des Rosenkranzfestes am 7. Oktober lässt diese Theorie durchaus glaubhaft erscheinen. Der Rosenkranz in seiner heutigen Form geht noch auf einen weiteren Mythos zurück. Es heißt, dem später heilig gesprochenen Dominikus, dem Gründer des Dominikanerordens, wäre 1208 die Mutter Gottes erschienen. In dieser Erscheinung hätte die heilige Jungfrau Maria dem Pater als Waffe einen Rosenkranz geschenkt, der ihn zum Sieg gegen die Albigenser führen sollte.

In Bulgarien hat das morgendliche Rosenzupfritual den weltlichen Hintergrund, den Rohstoff für die Verarbeitung vorzubereiten. Wer seine Rosenprodukte gerne selbst herstellt, hat bei solch einer Rosenreise die einzigartige Möglichkeit, biologisch angebaute Duftrosen von bester Qualität praktisch unbegrenzt zur Verfügung zu haben. Sie können dort ihr eigenes Rosenöl durch Mazeration herstellen und frisch destilliertes Rosenöl und -wasser kaufen. Bei einer solchen Fülle an frischem Pflanzenmaterial empfehle ich ein effektives Schnellverfahren für die Mazeration:

Rosenöl im Schnellverfahren

Glasgefäß mit frisch gepflückten und gezupften Rosenblütenblättern bis zum Rand mit Blüten füllen und mit geruchsneutralem, pflegendem Pflanzenöl auffüllen. Abgedeckt in die Sonne stellen. Am nächsten Morgen die Mischung mit einem Gazetuch in einem Sieb abfiltrieren und aus der Blütenmasse mit Hilfe des Gazetuchs soviel Öl wie möglich herauspressen. Mit dem aufgefangenen Öl genauso verfahren wie am Vortag. Den Vorgang allmorgendlich wiederholen. Auf diese Weise ist das Öl bereits nach einer Woche mit ätherischen Ölen angereichert und stark duftend. Aus diesem Öl können Sie auch eine Emulsion herstellen, indem Sie zwei gleich große Mengen Rosenwasser und selbst hergestelltes Rosenöl zusammengießen. Für eine richtige Emulsion benötigen Sie noch einen Emulgator, der Fett- und Flüssigphase miteinander verbindet, oder Sie verwenden das Gemisch als so genannte Schüttelemulsion, das heißt, Sie schütteln das Gemisch vor Gebrauch kräftig durch. Für kurze Zeit bleibt die Emulsion erhalten, bevor sich die beiden Phasen wieder trennen. Ekaterina stellt den Teilnehmerinnen und

Teilnehmern ihrer Rosenreise alle Zutaten für die Herstellung von Rosenkosmetik zur Verfügung, ebenso Gefäße und Geräte. Das Wichtigste aber
sind die Unmengen von duftenden Blüten, die zu Hause sicher nicht zur Verfügung stehen.

Diesen unwiderstehlichen Duft lassen sich auch die Insekten nicht entgehen.
Am Nachmittag summt und flattert es überall auf dem Rosenfeld. Bienen
und andere Insekten, die am Morgen keine Chance haben, dem lockenden
Duft bis zur Rose zu folgen, da alle bis dahin geöffneten Blüten abgepflückt
sind, geben sich jetzt genüsslich dem Blütenschmaus hin. Obwohl direkt nach
der morgendlichen Ernte kaum eine geöffnete Blüte mehr zu sehen ist, erho-
len sich die Rosenbüsche bis zum Nachmittag und erstrahlen in neuer Pracht
voll duftender Blüten.

Außer den Bienen sind es vor allem die Rosenkäfer, die die Blüten anlo-
cken. Fast an jedem zweiten Rosenkopf strahlte ein Rosenkäfer metallisch-
grün im Sonnenlicht. Seine Deckflügel glitzern wie Juwelen beim Skarabäus.
Er ist tatsächlich mit dem Skarabäus verwandt, der allerdings genau wie der
Rosenkäfer zu den Mistkäfern gehört. Wobei der Name diesen anmutigen
Insekten überhaupt nicht gerecht wird. Er jedenfalls, unser heimischer Gold-
glänzender Rosenkäfer, der gerne die mittägliche Wärme nutzt, um sich seinem Rosengelage hinzugeben, fügt der Rose keinen Schaden zu und war in
Deutschland Insekt des Jahres 2000.

Sein wissenschaftlicher Name lautet *Cetonia aurata* und geht auf lateinische
und griechische Wortstämme zurück: Während der Gattungsname *Cetonia*
altgriechischen Ursprungs ist und »Metallkäfer« bedeutet, geht der Artname
aurata auf einen lateinischen Wortstamm zurück und heißt »goldfarben«.

Wie viele Käfer, so hat auch der Rosenkäfer nur ein kurzes Leben von ein
paar Monaten. In dieser Zeit suchen die Weibchen einen geeigneten Platz zur
Eiablage. Die Larven, auch Engerlinge genannt, können sich nur im Mulch
alter Bäume entwickeln. Das bulgarische Rosental liegt am Rande eines Na-
turschutzgebietes mit natürlichem Baumbestand und bietet den Rosenkäfer-
larven hervorragende Lebensbedingungen. Zwei Jahre dauert die Entwick-

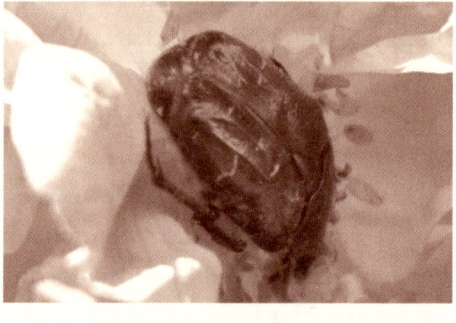

Der goldschimmernde Rosenkäfer
ist ein Juwel unter den Insekten
und ein Zeichen dafür,
dass die Natur in der Umgebung
intakt ist.

lung bis zum »fliegenden Edelstein«. In den Rosen zu schwelgen kann er dagegen nur kurze Zeit genießen. Nur eine einzige Saison ist ihm vergönnt bei seiner kurzen Lebenszeit und davon blühen nur etwa drei Wochen die Rosen. Den Rest seines Lebens muss er sich mit anderen Blüten begnügen.

In Ihrem Garten können Sie dem Goldglänzenden Rosenkäfer durch einen sorgsamen Umgang mit dem Komposthaufen für die Larven und durch Duftrosen und andere Blumen für den Käfer helfen. Die meisten Rosenkäferarten sind selten geworden. Vor allem den Larven fehlen Nahrungs- und Entwicklungssubstrate, beispielsweise vermodernde alte hohle Bäume. Totholz ist für fast alle Käferarten lebensnotwendig, ihre Larven sind auf diesen Lebensraum angewiesen. Rund um das Tal der Rosen scheint es daran nicht zu mangeln.

Im Juni frönt er seinen Duftorgien fast ausschließlich auf den Rosenfeldern. Quasi durch die Hintertür schleicht er sich in die Blüte. Nicht immer fliegt er direkt auf die geöffnete Blüte zum Pollen, manchmal sucht er sich seinen Weg am Blütenboden vorbei oder gar durch den Blütenboden hindurch. Hat er sein Ziel erreicht, schwelgt der schillernde Käfer im duftenden Pollen, knabbert an dem goldenen Blütenstaub, bis er schier volltrunken nach einer ganzen Weile wieder abhebt. Dabei spreizt er nicht seine metallischgrünen Deckflügel ab, wie es Käfer für gewöhnlich tun, sondern zaubert seine zarten Flügel, die er zum Abheben braucht, unter den Deckflügeln hervor, bevor er etwas unbeholfen davonfliegt.

Die Bienen scheinen den viel größeren und schwereren Rosenkäfern den Vortritt zu lassen. Doch kaum hat ein Käfer seine Blüte verlassen, besetzen die Bienen den frei gewordenen Duftkelch. Auch für diese Insekten scheint der bulgarische Rosennektar ein Göttertrunk zu sein. Ungewöhnlich lange verbleiben sie im Blütenkelch. Beim Beobachten dieser emsigen Tiere stellt sich die Frage, ob sie den köstlichen Nektar nicht zu einem noch köstlicheren Honig verarbeiten. Vergeblich suchte ich nach einem solchen Honig, das Einzige, was ich finden konnte, war Honig, der mit Rosenöl aromatisiert war. Und diesem können Sie auch zu Hause selber herstellen.

Rosenhonig

Für Rosenhonig benötigen Sie ein Glas Blütenhonig, den Sie im Wasserbad vorsichtig erwärmen. In den warmen Honig etwa fünf Tropfen Rosenöl geben und gut unterrühren. Wenn Sie frische Duft-rosen zur Hand haben, können Sie auch noch ein paar Blütenblätter einarbeiten. Den fertigen Rosenhonig im Wasserbad langsam abkühlen lassen.

Rosenhonig gegen Herpes

Auch dem Rosenhonig wird heilende Wirkung zugeschrieben, er soll gegen Aphten in der Mundhöhle wirken, bei Fieberbläschen und Verletzungen im Mundraum helfen und sogar bei der Behandlung des Herpes erfolgreich sein. Tupfen Sie dafür etwas Rosenhonig auf die betroffenen Stellen.

Für einen medizinischen Rosenhonig sollten Sie beim Ansatz möglichst eine Handvoll frische Rosenblüten verwenden, außerdem die Zugabe von Rosenöl von fünf auf zehn Tropfen erhöhen. Rühren Sie dazu noch zwei Esslöffel Rosenwasser in den warmen Honig. Für diesen Ansatz füllen Sie den erwärmten Honig entweder in ein größeres Gefäß oder verwenden gleich ein halbleeres Honigglas und halbieren auch die anderen Zutaten. Dieser Rosenhonig sollte mindestens eine Woche ziehen. Sie können ihn auch vorbeugend für Mundspülungen oder zum Süßen von Tees verwenden.

Wenn die fleißigen Honigbienchen aus dem Rosental zu ihrer Königin zurückgekehrt sind, dann zieht es auch die Bulgaren der Gegend zu ihrer Königin – der Rosenkönigin, wenn auch mitunter nur einmal im Jahr zu ihrer Krönung. Der Ort der Krönung ist allerdings alles andere als königlich. Kasanlak erfüllt alle Vorurteile sozialistischer Bauweise, die Krönungszeremonie war dagegen eine Überraschung. Auf einem großen Platz in der Stadtmitte war eine Bühne im Stil eines antiken Theaters errichtet. Ansonsten deuteten nur zwei dezente Stände, die Rosenprodukte verkauften, und zwei Lichterketten in Rosenform auf das bevorstehende Ereignis. Ob ein Konzert, eine Theateraufführung oder eine ähnliche Veranstaltung stattfinden würde, verriet die Bühnendekoration nicht. Nur ganz im Hintergrund war ein kleiner Hinweis auf das Rosenfest. Von Folklore keine Spur, was ansonsten bei solchen Festivitäten üblich ist. Das Publikum verriet ebenfalls nichts über das, was kommen würde. Sowohl junge als auch alte Menschen, Familien, Pärchen und Gruppen von Jugendlichen trafen ein. Geduldig warteten sie, bis schließlich – fast eine Stunde über der Zeit – sechs Ballettelfen die Bühne durch einen dichten künstlichen Nebelschleier tänzelnd betraten. Ihre Kostüme waren schlicht und elegant zugleich, sie erinnerten an eine römische Toga. Zunächst waren die Ballerinen ganz in Weiß gehüllt, in Analogie zur

Rosenernte in Bulgarien im 19. Jahrhundert.
Viel hat sich bis heute nicht geändert.

183

weißen unschuldigen Rose – bis die Männer eintrafen. Nach ihrem ersten tänzerischen Duell mit den Tänzern streiften sie rote Umhänge über. Ein Symbol für die unschuldigen weißen Rosen, die sich durch Leid und Leidenschaft in rote Rosen verwandeln. Bei dieser Inszenierung schienen die Ballerinen den Tänzern eindeutig überlegen zu sein. Ob das Stück Aphrodite gewidmet war, konnte ich nicht in Erfahrung bringen, die Vermutung lag jedoch nahe. Auch die Musik, eine interessante Mischung aus Klassik und Rock mit einem Hauch Folklore, unterstrich das außergewöhnliche Spektakel. Am beeindruckendsten aber war die Krönung der Rosenkönigin. Die Bühne wurde zunächst wieder völlig in Nebel gehüllt, der sich erst lichtete, als die noch ungekrönte Königin erhaben auf ihrem Thron saß und von ihrem »Ballett-Gefolge« regelrecht umschwirrt wurde. Sie thronte auf ihrem Sessel wie Kleopatra höchstpersönlich, mit ihren mandelförmigen Augen, dem ebenmäßigen schwarzen Haar und der leicht spitzen kleinen Nase. Elegant verharrte sie bis zu ihrem eigenen Auftritt in ihrer Pose und verfolgte bewegungslos die Darbietung. Im Takt des Paukenschlags erhob sie sich majestätisch und schritt über die Bühne nach vorne zum eilig herbeigestellten Mikrophon. Ihr Kleid war edel, von schlichter Eleganz, wie es kaum passender für eine Rosenkönigin sein könnte, im römischen Stil, mit bodenlangem weißen Unterkleid und einer blutroten Toga, aus der sich am Rücken eine Rose aus Samt in dem gleichen Farbton leicht hervorhob. Nichts Plüschig-Folkloristisches, nichts aufgesetzt Pompöses, einfach die schlichte Eleganz einer wunderschönen jungen Frau, der als Höhepunkt des Abends endlich die Krone unter tosendem Beifall aufgesetzt wurde.

Vielleicht verhilft Bulgarien der Rose zu einem neuen jungen, modernen Image. Hier steht die Rose wieder für Schönheit, Macht und Reichtum.

Die anderen Veranstaltungen des Rosenfests sind eher traditionell: Folkloristische Tänze am Rande der Rosenfelder. Busweise kommen Touristen zur Veranstaltung. Individualreisende fehlten völlig, falls welche kommen wollten, irrten sie wahrscheinlich den ganzen Tag umher. Es gibt vorab weder genaue Orts- noch Zeitangaben.

Die Busfahrer sind allerdings meist bestens informiert, was vor allem für die japanischen Besucher wichtig ist. Sie stellen den größten Teil der Zuschauer. Angeblich reisen sie schon ein paar Wochen zuvor an, um die lokalen Tanzrituale der bulgarischen Einwohner zu erlernen und sie dann bei ihren Darbietungen auf der Wiese tatkräftig zu unterstützen. Zwischen den bulgarischen Tänzern in traditionellen Kostümen haken sich japanische Gäste unter und tanzen mit. Die Japaner besuchen das bulgarische Tal der Rosen aber keineswegs nur der Folklore wegen, in Japan sind Rosenprodukte, vor allem Rosenwasser, auch heute noch geschätzte Heilmittel, und die Qualität des bulgarischen Rosenöls und Rosenwassers ist einzigartig.

Ansonsten waren die japanischen Gäste überwiegend damit beschäftigt, sich auf, unter, neben oder vor den Rosen fotografieren zu lassen. Sie mussten sich beeilen, die Veranstaltung war so schnell vorüber, wie sie begonnen hatte. Nach kürzester Zeit war das ganze Feld wieder geräumt, Touristen und Akteure in Bussen verschwunden. Mittags war nichts mehr davon zu sehen, dass gerade ein großes Fest auf dem Rosenfeld stattgefunden hatte.

Als Nächstes stand der Umzug der Schamanen im Zentrum von Karlowo auf dem Programm. Männer und Frauen mit Masken und Glocken tanzten um den Brunnen in der Ortsmitte. Der ganze Platz war eingehüllt in einen wunderbaren Rosenduft, der anscheinend aus der Mitte des Brunnens kam. Und tatsächlich: Das Wasser enthielt jede Menge Rosenwasser. Die Menschen wuschen sich darin, füllten Flaschen ab oder besprenkelten einfach nur ihr Gesicht.

Ein wunderbares Ritual im Monat der römischen Göttin Juno, der Göttin der Frauen. Oder geht es auf den islamischen Glauben und die alles reinigende Wirkung des Rosenwassers zurück? Überliefert ist, dass die Römer bei ihren orgiastischen Festen neben Rosenblüten auch Brunnen mit Rosenwasser hatten. Auch war die Rose mit dem Weingott Dionysos assoziiert, da sie den Geist von übermäßigem Weingenuss reinigte.

Rosen gegen Kopfschmerzen und Kater

Rosenwasser und Rosenblüten auf die Stirn gelegt, sollen gegen Kater und Kopfschmerzen helfen, aber auch bei Schlaflosigkeit wirken.

185

Den Ursprung des beeindruckenden Schamanentanzes mit den meterhohen Kopfbedeckungen und den kindskopfgroßen Glocken konnte ich nicht ergründen. Nachdem ich dem imponierenden Schauspiel eine Weile zugesehen hatte, widmete ich mich den Rosenständen am Rande des Platzes und war sehr überrascht: Rosencremes in edlen Tiegeln und Verpackungen kosten gerade mal zwei Euro. Auch wenn das eine oder andere Produkt reiner Touristenschnickschnack war, künstliches Rosenöl oder -wasser war nirgends dabei. Zu unglaublich günstigen Preisen werden außerdem Rosenseifen, -parfüms, -shampoos, -öle, -lotionen und sonstige Kosmetik in allen Variationen angeboten. Wer Rosenprodukte liebt und keine Zeit hat, sie selbst herzustellen, sollte bei einer Rosenreise nach Bulgarien nicht versäumen, sich mit Produkten einzudecken. Auch die Rohstoffe Rosenöl und Rosenwasser sind dort wesentlich günstiger als hier bei uns. Die Beratung an den Ständen lässt allerdings zu wünschen übrig, selbst wenn man die Verständigungsschwierigkeiten überwunden hat, ist kaum herauszufinden, ob das Rosenwasser ohne Konservierungsstoffe hergestellt wurde und auch als Nahrungsmittel geeignet ist oder ob es nur für kosmetische Zwecke benutzbar ist. Wenn Sie lebensmittelechtes Rosenöl oder -wasser bestellen möchten: Ekaterina El Batal nimmt Bestellungen an und bürgt für die Qualität.

Neben den folkloristischen Tänzen wird beim bulgarischen Rosenfest auch gezeigt, wie früher destilliert wurde. Durch die Kupferkessel kann der Weg von der Rose zum Rosenwasser und -öl gut beobachtet werden. In den Behälter werden Rosenblätter und Quellwasser gefüllt und auf offenem Feuer erhitzt. Der Dampf, der mit den ätherischen Ölen aufsteigt, wird in einem durchsichtigen Schlauch, der in einem Bottich mit kaltem Wasser hängt, abgekühlt. Dort kondensiert er und das Rosenwasser wird abgezapft, das Rosenöl schwimmt obenauf.

Heiße Quellen mit Tradition

Heißes, duftendes Rosenwasser hat in Bulgarien noch eine andere Tradition. Im Tal der Rosen und anderen bulgarischen Regionen sprudeln zahlreiche Thermalquellen, die schon von den Römern genutzt und auch mit Kräutern, vor allem aber Rosen, aromatisiert wurden. Auch heute gibt es noch zahlreiche öffentliche Thermalbäder, aber vor allem Hotels der gehobenen Kategorie bieten Thermalbäder in Kombination mit Rosenanwendungen an.

Während im Dorf gefeiert wird, geht die Ernte auf den Feldern weiter. Die meisten Erntehelfer sind Sinti und Roma, sie leben in eigenen Dörfern und werden mit Bussen zu den Rosenfeldern gefahren. Manche kommen auch mit Pferdekutschen. Mit unglaublich flinken Fingern pflücken sie die Blüten vom Busch und bringen die gefüllten Säcke zur Wiegestation. Die Erntehelferinnen und -helfer erzählen, dass sie gerne auf das Rosenfeld gehen, die Rosen lieben und am liebsten ihre eigenen Felder hätten. Sinti und Roma sind sehr eng mit der Rose verbunden, was allein schon ihre Namen aussagen, viele heißen mit Nachnamen Rose, so auch der deutsche Vorsitzende des Zentralrats der Sinti und Roma. Sowohl in der Lyrik als auch in der darstellenden Kunst wird das fahrende Volk oft mit Rosen oder in Kleidung mit Rosenmotiven dargestellt. Für die bulgarischen Erntehelferinnen ist die Arbeit im Rosenfeld mehr als nur ein Job. Eine von ihnen nutzte die Frühstückspause, um ihren Strohhut mit einem dichten, duftenden Rosenkranz zu dekorieren. In der Blütezeit der Griechen und Römer wurden Rosenkränze von den heimkehrenden Siegern getragen. Mit zunehmender Dekadenz im untergehenden Römischen Reich inflationierte das Tragen von Rosenkränzen und jeder schmückte sich damit. Doch die Rosenkränze dienten nicht nur der Dekoration.

Rosenkranz gegen Kopfschmerzen

Genau wie Rosenwasser gegen Kopfschmerzen helfen soll, so sind es auch die frischen Duftrosen, die den Schmerz vertreiben sollen. Dass Dionysos und seine Satyrn stets efeubekränzt dargestellt werden, hängt vielleicht damit zusammen, dass Efeu, der ebenfalls gegen Kopfschmerzen helfen soll, das ganze Jahr verfügbar ist. Denn bei der kurzen Blütezeit ergeht es dem Liebhaber von frischen Duftrosen wie Goethe, der im Spätsommer poetisch seinen Rosen nachtrauerte:

> *Nun weiß man erst, was Rosenknospe sei,*
> *Jetzt da die Rosenzeit vorbei;*
> *Ein Spätling noch am Stocke glänzt*
> *Und ganz allein die Blumenwelt ergänzt.*

Während der Blüte werden die Rosenfelder in Bulgarien streng bewacht. Ohne Voranmeldung ist der Zutritt strengstens verboten. Die Nachfrage nach Rosenöl aus Bulgarien ist in den letzten Jahren stark gestiegen, und es gibt nicht genug Rosen. Die Besitzer fürchten, dass ihre Felder von der Konkurrenz geplündert werden. Fast ein ganzes Jahr haben sie die Rosen gepflegt, um jetzt eine gute Ernte einzufahren. Und in dieser kurzen Zeit zeigt sich, ob sich der Anbau gelohnt hat. Nur wenige Rosenbauern verarbeiten die Blüten selbst, die meisten verkaufen sie an die großen Destillerien.

Obwohl diese Fabriken während des Rosenfestes offen sind für Besucher und mit einem eigenen folkloristischen Programm Interessenten anlocken, wird die Produktion dafür weder unterbrochen noch verzögert, der Betrieb läuft auf Hochtouren. Wir besuchten einen historischen, stilvoll restaurierten Innenhof, der den Blick auf die riesigen Destillen lenkt, die auf einem bühnenähnlichen Podest in etwa 1,50 Meter Höhe präsentiert werden. Die Apparaturen führen von diesem Podest aus in den Keller, wo das wertvolle Produkt unter Ausschluss der Öffentlichkeit abgezapft wird. Es ist einer der

Traditionsbetriebe, der nach der staatlichen Enteignung wieder zurück an die ursprünglichen Besitzer fiel. Der Vater des jetzigen Geschäftsführers war Kameramann und seine Mutter Regisseurin, mit Rosen hatten sie zuvor nichts zu tun. Zur Destillerie kamen sie völlig überraschend. Erst 1992 im Zuge der Rückgabe verstaatlichten Eigentums erfuhr die Familie von dem Besitz und entschloss sich nach kurzer Familienberatung dazu, ihre bisherigen Berufe aufzugeben und sich voll und ganz der Herstellung von Rosenöl zu widmen. Dank bester Ausbildung und internationaler Kontakte konnten sie die zum Museum umfunktionierte Anlage schnell wieder in Gang setzen und gewinnbringend bewirtschaften. Die neue hochmoderne Destillieranlage wird ausschließlich für die Gewinnung von Rosenöl verwendet. Durch ein Mehrfachdestillationsverfahren ist das Öl besonders konzentriert und wertvoll. Für die Herstellung von Rosenwasser nutzen sie die alte Anlage der Großeltern mit Kupferkesseln. Die Jungunternehmer haben auch für das Rosenwasser ein neues Verfahren entwickelt, das ein besonders reines Endprodukt liefert, ein lebensmitteltaugliches konzentriertes Rosenwasser.

Im Tal der Rosen gibt es noch viel zu entdecken, aber noch mehr bei der Rose selbst. Die Geschichte der Rose ist eine unendliche Geschichte und wird noch viele Generationen beschäftigen. Meine Reise in die Welt der Rosen ist noch lange nicht beendet, und die Rose mit all ihren Geheimnissen wird mich wohl mein ganzes Leben lang beschäftigen.

14
Rosenglossar

ABSTAMMUNG

Durch moderne Genomanalysen lässt sich die Verwandtschaft von Zuchtrosen zu Wildrosen, von denen sie abstammen, gut nachweisen.

ADONIS

Liebhaber der Aphrodite, der von dem eifersüchtigen Kriegsgott Ares getötet wurde. Aphrodite verletzte sich an einer Rose, als sie zu ihm eilte. Ihr Blut soll weiße Rosen in rote verwandelt haben. An der Stelle, wo Adonis starb, sollen Adonisröschen gewachsen sein.

ÄGYPTEN

Im alten Ägypten spielten Duftrosen und Rosenextrakte eine wichtige Rolle, als Medizin und zur Körperpflege.

ALL AMERICAN ROSE SELECTIONS (AARS)

Amerikanische Rosengesellschaft. Das AARS-Siegel ist eine Auszeichnung für Zuchtrosen.

ALTE ROSEN

Rosen, die schon vor 1867 gezüchtet wurden.

ALTES HOLZ

Auch bei Rosen ist von Holz die Rede, nicht zu verwechseln mit Rosenholz, das aus tropischen Bäumen gewonnen wird

und einen rosigen Schimmer hat. Rosen gehören zu Sträuchern, deren Triebe verholzen, was durch die bräunliche Färbung der älteren Sprosse leicht zu erkennen ist.

ALTMODISCH

Beschreibung für die Wuchsform von Rosen. Dabei handelt es sich um Zuchtformen, die den »Alten Rosen« ähneln, aber durchaus nach 1867 gezüchtet wurden. Typisch sind lockerer Wuchs, starker Duft und gefüllte Blüten mit zahlreichen zarten Blütenblättern.

ANERKANNTE DEUTSCHE ROSE (ADR)

Deutsches Prädikat für Zuchtrosen, wird jährlich in verschiedenen Kategorien verliehen.

ANHÄUFELN

Damit ist ein maulwurfartiger Hügel gemeint, der am Fuß der Rose angehäuft wird. Er dient dem Schutz der Veredlungsstelle vor Frost und sollte in jedem Herbst neu angelegt werden.

ANZUCHTFORM

Die Form, die eine Rose durch Schnitt und Kletterhilfen erhält.

ARTEN

Man unterscheidet zwischen Sorten und Arten. Arten sind eine botanische

Definition und Sorten gehen auf Kreuzungen zurück. Wenn bei Rosen von Arten die Rede ist, sind damit die Wildformen gemeint, beispielsweise *Rosa canina*, unsere heimische Wildrose.

ATTAR
Bedeutet Drogist und ist die Bezeichnung für das in Bulgarien produzierte Rosenöl.

AUFBINDEN
Kletterrosen und langtriebige Strauchrosen können sich nicht selbst an Wänden oder Gittern emporranken, die Triebe müssen aufgebunden werden. Schlingrosen können Kletterhilfen selbständig nutzen, erreichen durch Aufbinden aber eher die gewünschte Form.

AUGE
In den Spross- und Blattachsen von Rosen sitzen Knospen, aus denen Seitentriebe wachsen können, sie werden Augen genannt.

AUSTIN, DAVID (★1926)
Englischer Rosenzüchter aus dem 20. Jahrhundert, der eine ganze Gruppe von Rosen geprägt hat, die so genannten *Austinrosen*.

AWARD OF GARDEN MERIT (A.G.M.)
Englische Auszeichnung für besondere Rosenzüchtung und andere Gartenpflanzen.

BACCARA
Langstielige blutrote Edelrose, die meist einzeln verkauft wird.

BALLIERTE ROSEN
Rosenzüchter verkaufen so genannte ballierte Rosen vor allem im Herbst. Wer sich einen Rosengarten anlegen möchte, sollte darauf zurückgreifen. Der Herbst ist der beste Zeitpunkt, um Rosen zu pflanzen. Am besten, Sie suchen sich die Pflanzen zur Blütezeit aus und lassen sich im Herbst die ballierten Rosen oder Containerrosen schicken. Es handelt sich dabei um stark zurückgeschnittene Rosen, deren Wurzeln mit Sackleinen oder Ähnlichem zu einem Ballen verschnürt wurden.

BEETROSEN
Niedrig wachsende Rosensorten mit vielen Blüten, die sich flächig als Beet anpflanzen lassen.

BEFRUCHTUNG
Vorraussetzung für die geschlechtliche Vermehrung der Rosen, die zur Bildung

von Hagebutten und Rosensamen führt. Die Vermehrung durch Samen ist nur bei Wildrosen geeignet.

BEGLEITPFLANZEN

Klassische Begleitpflanze von Rosen ist Lavendel.

BENGALROSE

Deutsche Bezeichnung für die *Rosa chinensis*.

BLATTLÄUSE

Einer der größten Schädlinge der Rose, sitzt vor allem an jungen Trieben der Rose und saugt an den Pflanzensäften.

BLUMENSTILLLEBEN

Stilrichtung vor allem im 17. Jahrhundert, wobei die Rose fast immer bei den Darstellungen eine essenzielle Rolle spielte, vor allem wegen ihrer symbolischen Bedeutung.

BLÜTENBÜSCHEL

Wuchsform. Bei manchen Sorten wachsen die Blüten an einer Art Dolde, die als Blütenbüschel bezeichnet wird.

BLÜTENFARBEN

Kaum eine andere Blume gibt es in so viel Farbschattierungen wie die Rose, nur die blauen und die schwarzen Rosen sind Mythen, wobei es sehr dunkle und lilafarbene Rosen gibt, die diesen symbolischen Farben nahekommen.

BLÜTENSTAUB

Andere Bezeichnung für Pollen.

BODEN

Die Bodenbeschaffenheit ist bei der Rosenzucht von großer Bedeutung. Die Erde sollte gut durchlässig sein, nicht zu Staunässe neigen und etwas lehmhaltig sein. Rosen brauchen außerdem viel Nährstoffe und vertragen keinen sauren Boden. Es gibt Rosenerde und speziellen Rosendünger im Handel.

BODENMÜDIGKEIT

Wenn der Boden ausgelaugt ist und ausgetauscht werden sollte, spricht man von Bodenmüdigkeit.

BULGARIEN

Weltweit größter Exporteur von Rosenöl. 70 bis 80 Prozent der Weltproduktion sollen aus Bulgarien kommen.

CONTAINERPFLANZEN

Rosen, die in kleinen Plastikcontainern angeboten und vor allem im Herbst verkauft werden.

DICKMAULRÜSSLER

Seltener, aber besonders gefährlicher Feind der Rose. Sowohl Larven als auch die sich daraus entwickelnden Käfer können großen Schaden an Blüten und Blättern anrichten.

DIESJÄHRIGER TRIEB

Der Trieb, der sich im selben Jahr entwickelt hat. Einige moderne Rosen blühen an dem diesjährigen Trieb, was bei den Alten Rosen kaum vorkommt.

DORNEN

Rosendornen gibt es nur noch in der Literatur, botanisch gesehen haben sie Stacheln. Dornen gehen auf Sprossachsen zurück und Stacheln sind eine Ausstülpung aus der Epidermis, der oberen Zellschicht.

DUFT

Der Rosenduft ist einzigartig und lässt sich chemisch nicht herstellen, da er auf mehrere hundert verschiedene ätherische Öle zurückgeht.

DÜNGER

Nährstoffe, die die Pflanzen zu üppigerem Wachstum und reicher Blütenbildung anregen. Spezieller Rosendünger ist im Handel erhältlich.

DUPONT

Französischer Gärtner, betreute den Rosengarten der Rosenkaiserin Josephine in Malmaison.

DURCHLÄSSIG

Bezeichnung für den Boden, die Erde, und bedeutet, dass Wasser gut durchsickern kann, was bei Rosen sehr wichtig ist, um die Wurzeln vor Fäulnis zu schützen.

EAST INDIA TRADE COMPANY

Ostindische Handelskompanie, handelte vor allem mit Gewürzen, brachte aber auch einige Rosensorten nach Europa.

EDELROSEN

Bezeichnung für Rosen, die einzelne Blüten an langen, aufrechten Stielen tragen. Edelrosen oder Teehybriden werden seit 1867 gezüchtet. Alle Sorten, die davor gezüchtet wurden, werden als *Alte Rosen* bezeichnet (s. auch Alte Rosen).

EINFACH

Andere Bezeichnung für ungefüllte Blüten. Alle Wildrosen haben »einfache« Blüten.

EINMAL BLÜHEND

Vor allem Alte Rosen blühen meist nur einmal im Jahr und können auch nicht durch einen Rückschnitt zu neuen Blütenansätzen animiert werden, wie bei den meisten anderen Sorten möglich.

EINTEILUNG

Aufteilung der Rosen in Gruppen nach ihrer Wuchsform: Beetrosen, Edelrosen, Strauchrosen, Kletterrosen, Schlingrosen, Zwergrosen, Hochstämmchen und Bodendeckerrosen.

EOS

Die griechische Göttin der Morgenröte wurde als »rosenfingrig« bezeichnet und dargestellt.

EROS

oder Cupido wurde als Gott der Liebe mit der Rose assoziiert und soll den Gott der Verschwiegenheit mit Rosen bestochen haben, damit die Affären seiner Mutter Aphrodite ein Geheimnis blieben.

ETIKETT

Auf dem Namensschild der Rose müssen Sorte und Herkunft vermerkt sein.

FAMILIE

Botanische Einteilung nach Linné. Danach gehört die Rose in die Familie der Rosaceae, zu der auch Mandeln, Birnen, Äpfel, Himbeeren und viele andere Pflanzen gehören.

FLOR

Bezeichnung für Blütenfülle.

FLORIBUNDAROSEN

Eine Kreuzung aus Teehybriden und büschelblütigen Polyantharosen.

FORMALE GARTENGESTALTUNG

Typisch für einen klassischen Rosengarten mit charakteristischer geometrischer Form.

FORMSCHNITT

Es wird zwischen Formschnitt und Rückschnitt unterschieden. Wie der Name schon sagt, gibt der Formschnitt der Rose seine Wuchsform, ist aber nicht zwingend nötig.

FREILANDROSEN

Sie werden auf Feldern angebaut und zeichnen sich durch eine kräftige Statur aus. Der Begriff wird vor allem im Sommer bei Schnittrosen verwendet.

FREYA

Germanische Göttin der Fruchtbarkeit, wird mit der Wildrose assoziiert.

FRIGGA

oder Frigg, die Schutzpatronin der Ehe oder Mutterschaft, wurde ebenfalls mit der Wildrose in Verbindung gebracht.

FRUCHTKNOTEN
Verdickung unter der Blüte. Bei befruchteten Rosenblüten entwickelt sich daraus die Hagebutte.

GATTUNG
Botanische Bezeichnung, die der Familie übergeordnet ist.

GEFÜLLT
Züchtungsform. Ungefüllte Rosen haben fünf und gefüllte Rosen können über 100 Blütenblätter haben.

GRABSCHMUCK
In der Antike waren Rosen ein symbolisch bedeutender Grabschmuck.

GRASSE
Welthauptstadt des Parfüms, Anbaugebiet der *Centifolia*-Rose.

GRIMM
Märchenerzähler, die die Symbolik der Rose häufig aufgegriffen haben.

GUL
Persische Übersetzung von Rose.

HAGEBUTTEN
Rosenfrüchte.

HALBGEFÜLLT
Wenn bei einer gefüllten Rosenblüte die Staubgefäße noch zu sehen sind, nennt man sie halbgefüllt. Meistens tragen diese Blüten etwa 20 Blütenblätter.

HALBSTAMMROSEN
Ist die Edelrose nicht über der Erde auf die Wildrose gepfropft, sondern in einer Höhe von etwa 60 cm, dann spricht man von einer Halbstammrose.

HECKE
Nur aus Wildrosen werden Hecken gezüchtet. Wichtig bei einem naturnahen Garten, bietet vielen Tieren Schutz, Nahrung und Nistmöglichkeiten.

HECKENROSE
Andere Bezeichnung für unsere häufigste heimische Wildrose, die *Rosa canina*.

HILDESHEIM
Berühmt für eine angeblich tausendjährige dunkelrote Kletterrose am Dom zu Hildesheim.

HISTORISCHE ROSEN
Andere Bezeichnung für Alte Rosen.

HOCHSTAMMROSEN
Wie Halbstammrosen, nur dass die Veredelungsstelle etwa 90 cm über dem Boden liegt.

HORNSPÄNE
Langzeitdünger, gut geeignet für Rosen, er liefert Stickstoff und Kalium.

HUMUS
Nährstoffreiche Erde.

HUNDSROSE
Weitere Bezeichnung für die häufigste heimische Wildrose/Heckenrose, die *Rosa canina*.

HYBRIDEN
Zuchtformen, Kreuzungen verschiedener Rosensorten.

KAISERIN JOSEPHINE (1763–1814)
Ehefrau des französischen Kaisers Napoleon, ging auch als Rosenkaiserin in die Geschichte ein. Ihre Rosensammlung im Schlossgarten von Malmaison war weltberühmt.

KALIUM
Mineralischer Dünger, härtet die jungen Sprosse, die dadurch frostfester werden.

KÄLTESCHUTZ
Wichtig für die Veredlungsstelle bei der Rose. Je nach Härte des Winters reicht es, die Stelle mit angehäufelter Erde zu bedecken oder mit Zweigen und Blättern zusätzlichen Schutz zu bieten. Im Rhein-Main-Gebiet ist der Schutz mit Erde völlig ausreichend.

KARL DER GROSSE
König der Franken (742–814), ordnete den Rosenanbau auf allen Landgütern an.

KASANLAK
Zentrum des Rosenölanbaus in Bulgarien.

KELCHBLÄTTER
Rosen haben unterhalb der Blüte fünf grüne Kelchblätter, entsprechend den fünf Blütenblättern der Wildform.

KLEOPATRA (69–30 v. Chr.)
Ägyptische Herrscherin, deren legendäre Schönheit mit Rosen assoziiert wird. Sie soll sich mit Rosenöl, Rosenwasser und Rosenbädern gepflegt haben und ihren Liebhaber und späteren Mann Marcus Antonius mit einer Fülle von Rosenblüten empfangen haben.

KLETTERROSEN
Können ganze Mauern umranken, brauchen aber Kletterhilfen und müssen festgebunden werden.

KÖNIGIN DER BLUMEN
Eindeutig die Rose.

KRETA

Auf der griechischen Insel wurde bei Ausgrabungen die älteste Darstellung einer Rose gefunden.

KREUZRITTER

Brachten von den Kreuzzügen verschiedene Duftrosensorten und Extraktionsverfahren nach Westeuropa.

KREUZUNGSZEICHEN »X«

Zeichen dafür, dass es sich um eine Kreuzung zwischen zwei eigenständigen Arten handelt.

KÜBELROSEN

Einige wenige Rosensorten können auch in großen Töpfen auf dem Balkon gehalten werden.

KULTIVATEUR

Kreiert keine neuen Sorten, sondern vermehrt vorhandene.

LAGERUNG

Rosen können in Kühlhäusern bei 0,5 Grad Celsius und 98 Prozent Luftfeuchtigkeit gelagert werden.

LANCASTER

Englische Adelsfamilie aus dem Mittelalter, die die rote Rose in ihrem Wappen trug. Ihr Krieg gegen die Adelsfamilie York, deren Wappen eine weiße Rose zierte, führte zur Bezeichnung Rosenkrieg.

LES ROSES

Sammlung von Rosenporträts des Malers Pierre-Joseph Redouté (1758–1840).

LINNÉ, CARL VON (1707–1778)

Entwickelte das heute noch gültige Ordnungssystem der Pflanzen.

MAGDALENENROSE

Bezeichnung für weiße Rosen. Einem Mythos zufolge entfärbten die Tränen der Maria Magdalena rote Rosen und ließen sie weiß werden.

MALMAISON

Schloss der Rosenkaiserin Josephine (s. auch Kaiserin Josephine).

MARIA

Seit dem Mittelalter wird die Mutter Gottes mit Rosen assoziiert.

MEDIZIN

Bis ins 19. Jahrhundert spielte die Rose eine wichtige Rolle in der Medizin.

MEHLTAU

Weißlicher Pilzbelag auf Blättern oder Knospen. Rosen sind anfällig für Mehltau, noch anfälliger als Wein, daher pflanzten Winzer früher eine Rose an das Ende der Weinreihen. So konnten sie sehen, ob Pilzbefall drohte, und vorbeugend reagieren.

Meissner Rose

Das berühmte Meißner Porzellan, das um 1800 in den Handel kam, ist so häufig mit Rosen verziert, dass das Rosendekor eine eigene Bezeichnung bekam.

Mineralischer Dünger

Hochkonzentrierte Mineralstoffe, die sofort wirken, aber auch leicht überdosiert werden können.

Moderne Rosen

Neuere Züchtungen, die mehrmals blühen.

Mohammed

Religionsstifter des Islam. Dem Mythos zufolge sollen aus den Schweißtropfen, die bei seiner Himmelfahrt zur Erde fielen, Rosen gewachsen sein.

Mutation

Spontane, zufällige Veränderung der Eigenschaften einer Pflanze, die vererbbar ist.

Nachblüte

Zweite, sehr schwache Blüte von eigentlich einmal blühenden Rosen. Neben den Modernen Rosen, die häufiger blühen, entwickeln sich auch an Alten Rosen manchmal erneut ein paar Blüten.

Nebenform

Variation, vererbbare Eigenschaften, die nur leicht von der eigentlichen Rosenart abweichen.

Nero

Kaiser des Römischen Reiches (37–68 n. Chr.), der für sein ausschweifendes Leben bekannt war. Ebenso wie Kaiser Heliogabalus soll er bei Festen Rosen in solchen Massen auf seine Gäste herniederrieseln haben lassen, dass einige Personen darin erstickten.

Okulieren

Veredlungsart bei Rosen, dabei wird das »Auge« der Edelrose auf die Wildform gepfropft.

Petale

Synonym für Blütenblätter.

Pentagramm

Fünfeck, magisches Zeichen der Geheimbünde, wird auf die fünfblättrige Rosenblüte zurückgeführt.

Pflanzzeit

Bei Rosen optimal im Herbst.

PILZKRANKHEITEN
Rosen sind sehr anfällig für Pilzkrankheiten und brauchen deshalb viel Luft.

POLLEN
Blütenstaub.

POLYANTHAROSEN
Mehrfachkreuzungen einer Rose, die Blüten in üppigen Büscheln tragen.

POMPEJI
Ausgrabungen belegen, dass in der süditalienischen Stadt bereits in der Antike Rosen kultiviert wurden.

PROVINS
Stadt südwestlich von Paris, jahrhundertelang Zentrum der Rosenindustrie für therapeutische Zwecke.

RAMBLERROSE
Schlingrose, die ohne Aufbinden Bäume und Kletterhilfen emporranken kann.

REDOUTÉ, PIERRE-JOSEPH (1758–1840)
Französischer Künstler, bekannt für seine Rosendarstellungen.

RÖMISCHER ROSENKULT
In der Antike feierten die Römer Gelage mit Rosenblüten. Der Dichter Horaz beklagte seinerzeit, dass die fruchtbaren Äcker Italiens zu Rosenfeldern umgewidmet würden, um die unersättliche Nachfrage der Römer nach Rosen zu befriedigen.

ROSA CANINA
Hierzulande verbreitetste Wildrose, auch Heckenrose oder Hundsrose genannt.

ROSE VON KARTHAGO – ROSE VON MILET
Rose, die schon von Plinius dem Älteren (23–79 n. Chr.) erwähnt wird.

ROSENAPFEL
Sowohl eine Apfelsorte als auch die haarige Verdickung an Rosentrieben, die durch die Rosengallwespe hervorgerufen wird.

ROSENGABEL
Gartengerät zum Auflockern des Bodens.

ROSENGÄSSLERIN
Frühere Bezeichnung für Prostituierte.

ROSENHAG
Rosenhecke.

ROSENHOLZ
Rötliches, qualitativ hochwertiges Holz von verschiedenen tropischen Bäumen.

ROSENKREUZER
Geheimbund, angeblich nach Christian Rosencreutz.

ROSENKRIEG
Scheidungskrieg, geht wahrscheinlich auf die Kämpfe der Häuser Lancaster und York zurück.

ROSENMONTAG
Seit 1830 wird der Fastnachtsmontag so genannt.

ROSENÖL
Ätherische Öle der Rose.

ROSENROMAN
Berühmter erotischer Roman aus dem 13. Jahrhundert, mit der Rose im Mittelpunkt.

ROSENROST
Rostfarbene Pilzkrankheit, die zum Absterben des Laubs führt.

ROSENSCHERE
Spezielles Gartengerät zum Rosenschneiden.

ROSENTORTE
Buttercremetorte mit Rosenwasser und frischen Rosenblüten.

ROSENTRIEBBOHRER
Schädling, die Larven des Käfers entwickeln sich im jungen Rosentrieb und zerstören ihn.

ROSENWASSER
Produkt der Wasserdampfdestillation von Rosenblättern (Avicenna).

ROYAL NATIONAL ROSE SOCIETY
Ältester Rosenverein der Welt mit Sitz in Großbritannien, gegründet 1876, als die Modernen Rosen gezüchtet wurden.

RÜCKSCHNITT
Frühjahrsschnitt bei Rosen, damit sich kräftige neue Triebe bilden können.

SANGERHAUSEN
Beherbergt die größte Rosensammlung der Welt. 1903 fand die Eröffnung des Rosariums statt.

SAPPHO
Dichterin, die schon vor 2600 Jahren die Rose als Königin der Blumen bezeichnete.

SCHNITTROSE
Spezielle Rosensorten, die als Schnittblumen in den Handel kommen.

SELEKTION
Auswahl der kräftigsten und besten Rosen bei Züchtung und Weitervermehrung.

SEPALEN
Kelchblätter.

SOLITÄR
Einzeln stehende Rosen.

SORTEN
Keine botanische Bezeichnung, Züchtungsform.

STACHELN
Botanisch gesehen haben Rosen Stacheln und keine Dornen.

STAMMHÖHE
Auf dem Markt werden zwei verschiedene Höhen für Rosenbäumchen angeboten (Halbstammrosen und Hochstammrosen).

STANDORT
Rosen brauchen einen sonnigen und luftigen Standort.

STAUNÄSSE
Führt bei Rosen zu Wurzelfäulnis.

STECKLINGE
Edelrosen lassen sich nicht über Stecklinge vermehren, nur Wildrosen.

STIEL
Andere Bezeichnung für Stängel oder Trieb.

SUB ROSA
Das unter der Rose Gesagte galt schon in der Antike als Geheimnis: »sub rosa dictum«.

TEEHYBRIDE
Bezeichnung für aufrechte, langstielige Rosenzüchtungen, die seit 1867 gezüchtet werden.

TIEFWURZLER
Rosen werden als solche bezeichnet; ihre Hauptwurzel strebt nach unten.

TRIEB
Andere Bezeichnung für Stiel oder Spross.

TRIEBKNOSPE
Das Auge, woraus sich neue Triebe entwickeln.

TRIPSE
Schädlinge.

UNTERLAGE
Wildrose, die als Veredlungsunterlage für die Kulturrose dient.

UR-ROSE
Eigentlich alle Wildrosen, aber vor allem die *Rosa gallica* wird als solche bezeichnet.

VENUS
Römisches Pendant der griechischen Göttin Aphrodite. Berühmt ist das Gemälde *Die Geburt der Venus* (ca. 1485) des italienischen Renaissancemalers Sandro Botticelli, das die Geburt der Venus darstellt, wobei Venus einer Muschel entsteigt, auf die Rosen herabregnen.

VEREDELUNGSSTELLE
Empfindlichster Teil der Rose, Edelrose und Wildrose wachsen an dieser Stelle zusammen.

WEISSE ROSE
Symbol der Widerstandsgruppe um die Geschwister Scholl, die gegen das nationalsozialistische Terrorregime ankämpfte.

WIDERSTANDSFÄHIGKEIT
Weniger anfällig für Krankheiten, kann auch durch Züchtungen erreicht werden.

WILDROSEN
Arten, die in der Natur wild vorkommen.

WILDTRIEBE
Seitliche Triebe, die aus der Veredlungsunterlage stammen.

WURZELAUSLÄUFER
Ableger, die seitlich aus der Wurzel herauswachsen. Bei Kulturrosen sind es immer Wildtriebe, die entfernt werden müssen.

WURZELECHT
Nur Wildrosen sind wurzelecht, das heißt, Blüten, Triebe und Wurzeln gehören zu ein und derselben Pflanze und sind nicht veredelt.

ZÜCHTER
Kreiert und vermehrt neue Rosensorten.

ZUFALLSKREUZUNG
Neue Sorten, die zufällig durch Kreuzung entstanden sind.

ZWERGROSEN
Kleine Sorten, die häufig blühen und nicht größer als 30 cm werden.

Bildnachweis

Seite 7, 9, 21, 29, 39, 51, 63, 75, 95, 105, 107, 129, 137, 157, 163, 183, 199: Leon Holub, Frankfurt am Main

Seite 11, 13, 15, 16, 23, 24, 32, 49, 82, 100, 173: Ina Knobloch, Frankfurt am Main

Seite 18: Die ganze Familie geht zum Veredeln, Foto um 1938, RM Stiftung Familie Vieweg; Seite 46; Seite 97; Seite 104: »Geheimniß der Rose« Rosenmotiv vom Ruprechtsbau am Heidelberger Schloss, Holzschnitt von E. Schmidt, aus: Illustrierte Zeitung, 19. Jahrhundert; Seite 177: Rosenernte in Bulgarien, Holzschnitt, aus: Illustrierte Zeitung, 19. Jahrhundert, alle Abbildungen aus »Blatt für Blatt die Rose«. Katalog des Rosenmuseums Steinfurth, Copyright © 1992, 2. überarb. Auflage 1997, Sabine Kübler, Rosenmuseum Steinfurth

Seite 71: © Klassik Stiftung Weimar, Museen, GSA 58 CW 1

Seite 90: © Klassik Stiftung Weimar, Museen, GGz 1762

Seite 84: Stefan Lochner, Muttergottes in der Rosenlaube, © Rheinisches Bildarchiv, Köln

Seite 86: Fay Grambart, Frankfurt am Main